Gisèle d'Assailly

LA CORRESPONDANCE

MARABOUT

Du même auteur chez Marabout :

- *Le guide Marabout du savoir-vivre* (N° 1500).

Illustrations d'Henri Lievens.

Introduction

COMMENT ET POURQUOI ECRIRE UNE LETTRE

Pourquoi écrire une lettre ? Parce que c'est une manière aimable de dire à ceux qu'on aime que l'on pense à eux, de leur donner des nouvelles, de s'informer de leur santé, de les remercier ou les féliciter, de leur souhaiter une fête ou un anniversaire, en un mot de leur prouver qu'ils sont dans nos pensées et dans notre cœur. C'est aussi un moyen de les aider à supporter un chagrin, une maladie, de leur annoncer un événement ou de leur demander un service.

Autrefois, lorsqu'on avait, ou que l'on prenait le temps de savourer la vie, on écrivait de longues missives, on se donnait la peine d'avoir un « style ». Aujourd'hui on trouve généralement plus simple de décrocher le téléphone, et, si l'on se décide à écrire, ce sont le plus souvent des lettres en style quelque peu télégraphique. On se contente de raconter brièvement les choses essentielles sans se complaire dans les détails, au lieu d'approprier le ton de la missive à l'âge ou à la personnalité du correspondant. En un mot, on perd l'habitude de s'exprimer. A tel point que, pour nombre de personnes, la lettre devient une sorte de hantise.

C'est pourquoi il m'a semblé utile de réunir non seulement quelques types de lettres mais les principes essentiels de la correspondance. Une école de dessin a pris pour slogan : *Vous savez écrire, donc vous savez dessiner.* Permettez-moi de vous dire : *Vous savez penser, donc vous savez écrire.* C'est un don qui se cultive et qui s'acquiert. Pour qu'une lettre devienne un plaisir et non une corvée, il faut la considérer sans méfiance, la rédiger avec simplicité.

Il est toujours plus difficile d'écrire une lettre courte, précise, élégante, que de laisser courir sa plume. Quand on s'adresse à une amie ou à un proche, on ne songe pas toujours à vérifier si la phrase est impeccablement tournée ou si l'histoire est parfaitement contée. Cependant pourquoi ne pas essayer de donner à une lettre, un ton aussi plaisant que possible ?

REPONDRE RAPIDEMENT

Une lettre reçue demande une réponse rapide. Il ne faut jamais laisser le courrier s'accumuler. Il est aussi simple d'écrire le jour même ou le lendemain, que d'attendre une semaine pour le faire. Un remerciement, une excuse, des félicitations doivent être envoyés dans les vingt-quatre heures. Une lettre d'affaires peut attendre davantage, pas trop cependant, sinon le temps de la réflexion.

En amitié, il n'y a pas de « cadence » épistolaire : seul le plaisir compte. Mais si les lettres sont peu fréquentes, elles doivent faire un tour d'horizon de tout ce qui peut intéresser l'ami ou l'amie.

Petit manuel du savoir écrire

LA PRESENTATION

Si on écrit à un personnage important, à une personne âgée pour solliciter un conseil, un renseignement, sans qu'il s'agisse d'une lettre d'affaires, ou encore, quand on envoie un mot de condoléances ou de félicitations, il est nécessaire de soigner davantage la missive, de choisir ses expressions, ses tournures de phrases, d'éviter les répétitions, les lieux communs. Il n'est pas défendu dans ce cas, de faire un brouillon. C'est même recommandé si l'on veut « fignoler ».

La plus élémentaire des politesses veut qu'une lettre soit écrite sans rature, sans la moindre surcharge, ni « grattage », sans la moindre incorrection de style ou de français.

Lisibilité

L'écriture doit être lisible ; si proche que soit votre lecteur, il n'est pas indispensable de le faire travailler une demi-heure pour déchiffrer vos hiéroglyphes. Croyez-moi, avec un peu d'attention, il est toujours possible d'améliorer une calligraphie défectueuse. Si cet effort vous semble vraiment trop grand, achetez une machine à écrire, c'est encore la meilleure solution. Le charme y perd ce que gagne la clarté. N'oubliez pas, cependant qu'il est inadmissible d'envoyer un mot de remerciement ou de condoléances autrement qu'à la main.

Marges

Vous ne pouvez vous permettre d'écrire en utilisant la marge d'une lettre, qu'à un intime à condition de ne pas croiser les lignes de manière à transformer votre missive en grillage.

Orthographe

L'orthographe doit être impeccable. Une faute d'orthographe est non seulement une faute de français, mais un défaut d'éducation. Dans une bonne famille, ces principes sont de rigueur. Ils doivent être inculqués dès l'enfance. Certaines erreurs sont « excusables », à la rigueur, si elles peuvent être taxées d'inattention — doubles lettres, pluriels — mais la faute de participe, le conditionnel mis à la place du futur, l's à l'impératif, un nom propre « défiguré », voilà qui est impardonnable. Un charmant petit livre est à votre disposition : il a nom « dictionnaire » et il existe dans tous les formats. N'hésitez pas à le consulter dès que vous avez une « inquiétude ».

Si vous faites une erreur, le plus simple est de prendre une autre feuille et de recommencer : au diable l'avarice et le temps perdu.

Le papier à lettres

Il est préférable d'écrire sur un papier blanc de belle qualité.

Les feuilles quadrillées sont à éviter… et pourtant, Simone de

Beauvoir n'emploie que celles-là !

Les papiers de couleur sont démodés mais certaines femmes emploient encore le gris, le bleu pâle.

Les enveloppes doivent être assorties, doublées si possible.

Le bloc tout simple ou la feuille double sont, l'un et l'autre, de fort bon ton.

Une trop grande fantaisie dans le papier à lettres est toujours la preuve d'un goût discutable... sinon douteux.

Uni ou de couleur, gravé ou non, le papier doit être impeccable, sans plis, ni taches.

La carte de visite

Lorsqu'il s'agit d'un mot d'excuse ou de remerciements, on peut très bien adopter la carte de visite ou de correspondance.

La carte-lettre

La carte-lettre ne doit s'employer que pour de courts billets sans cérémonie : on ne l'utilise pour ainsi dire plus.

Le chiffre

Le chiffre est démodé. A la rigueur, on peut adopter un animal (lion, tortue, chameau) ou bien une fleur, un trèfle à quatre feuilles (comme Louise de Vilmorin) en haut et à gauche du papier à lettres que l'on désire « personnaliser ».

Le papier à lettre à en-tête

Il est nécessaire d'avoir à sa disposition un papier blanc pour les lettres officielles : ambassadeur, ministre, etc., et un autre sur lequel l'adresse est gravée (ou imprimée ce qui est moins élégant) en haut et à droite de la feuille.

30, RUE LAMENNAIS, 8^e

ou bien à la mode anglaise au centre et en tête de la feuille en gros caractères,

140, RUE DE L'UNIVERSITE, 7^e

Si vous possédez une bicoque ou un château, vous aurez un papier spécial ainsi gravé :

La GALANTIERE
Par VOUILLE (DEUX-SEVRES)
Tél. 12 à Vouillé

Faute de papier gravé, vous écrirez, en haut et à droite de la feuille, votre adresse (éventuellement, votre numéro de téléphone) et la date.

L'enveloppe

L'enveloppe peut également porter l'adresse de l'envoyeur posée en biais le long de la fermeture. Si vous n'en possédez pas de la sorte, n'écrivez jamais votre nom ni votre adresse à la main sur le dos de l'enveloppe, cela a un côté « commercial » insupportable dans le privé.

Pointe bic

La « pointe bic » peut être utilisée pour les intimes, elle est proscrite pour les lettres cérémonieuses ou officielles.

La mise en page

Plus vous avez de respect pour votre correspondant, plus votre lettre doit commencer au-dessous du milieu de la page ; la marge de gauche demeurera large, même dans la correspondance ordinaire. Il est préférable aussi de ne pas écrire jusqu'au bas de la feuille.

Pour les intimes, les marges peuvent être rétrécies.

Normalement, commencez votre lettre par *Monsieur, Madame, Chère amie,* etc. Evitez si possible les mots coupés ou la cascade de lettres tombant dans la marge en rang serré. Quand c'est nécessaire, utilisez le tiret. Exemple : parallèl- (et à la ligne suivante) lement.

Lorsque vous tournez la page, ne commencez pas tout en haut de la feuille. Laissez une marge proportionnelle à l'importance de votre correspondant.

Si vous usez d'une feuille double, vous pouvez écrire sur

toute la page. Si la lettre est brève, utilisez seulement les pages 1 et 4, en laissant blanches les deux du milieu.

Terminez et signez votre lettre à une hauteur normale, en ménageant un blanc au-dessous de votre signature.

N'abusez pas des mots soulignés, entre guillemets, ou entre parenthèses. Faites confiance à votre lecteur... S'il est incapable de saisir les nuances de votre style, tant pis pour lui. Les guillemets ne sont acceptables que si l'on cite une phrase, un ouvrage, un journal ou une association. N'abusez pas des points de suspension, moins encore des points d'exclamation.

Se relire

Relisez toujours une lettre avant de l'envoyer. S'il s'agit d'une missive adressée à une amie intime ou à un proche, et que vous découvriez une faute d'orthographe ou de français, effacez carrément le mot ou la phrase, en écrivant au-dessus si le temps vous manque pour recommencer la lettre. Dans ce cas, excusez-vous dans un P.S.

Un conseil : tâchez de prendre la bonne habitude de réfléchir avant d'écrire, c'est encore le meilleur moyen d'éviter les erreurs.

Comment plier la lettre

Pliez les feuilles en deux ou en quatre selon leur format, introduisez la lettre dans l'enveloppe, l'en-tête tournée du côté de l'adresse, la signature du côté de la fermeture et la pliure au fond de l'enveloppe, afin que votre missive ne soit pas coupée en deux si votre correspondant use d'un coupe-papier pour l'ouvrir.

Timbres pour la réponse

Si le prix de la réponse peut représenter un ennui ou une

charge pour votre correspondant et que vous posiez une question l'obligeant à répondre, n'hésitez pas à insérer les timbres nécessaires, légèrement collés dans le coin gauche de la lettre, ou tenant encore par le pointillé au papier collant qui borde les carnets.

Pour un commerçant ou un homme d'affaires, le renseignement demandé faisant partie de son travail, il n'est pas obligatoire d'ajouter un timbre, à moins que l'on ne désire être assuré d'une réponse.

Pour un règlement minime, on glisse dans une lettre la somme en timbres : ceux-ci doivent être pliés suivant le pointillé.

Lettre remise à un tiers

Si vous chargez quelqu'un de remettre une lettre à une autre personne, donnez-la-lui sous enveloppe non fermée, portant seulement le nom du destinataire, s'il s'agit d'une relation commune. Le commissionnaire doit prendre la lettre ouverte et coller l'enveloppe aussitôt, vous assurant ainsi de sa discrétion, à moins que vous lui demandiez d'en prendre connaissance.

Si votre courrier vous est remis en présence d'un tiers, fût-il ami intime ou membre de votre famille, vous ne devez l'ouvrir que s'il s'agit d'un pneumatique ou d'une dépêche et après lui en avoir demandé la permission. Si vous êtes le tiers en présence de qui le message est reçu, il sera poli de votre part d'inviter le destinataire à le lire. Si c'est lui qui vous prie de l'excuser, ne répondez pas : « Faites donc » ce serait d'une parfaite vulgarité. Dites : « je vous en prie ».

Au bureau, en dehors des heures normales du courrier, si l'on vous apporte un pli urgent en présence d'un visiteur, ayez la courtoisie de lui demander la même permission.

« Aux bons soins »

Si vous écrivez à quelqu'un qui se trouve en séjour chez des amis, n'oubliez pas de mettre sur l'enveloppe : *Monsieur Dorand, aux bons soins de Monsieur Supont, ou c/o M. Supont.*

Ecrire avec clarté

Avant toute chose, une lettre doit être *compréhensible* et lorsqu'il s'agit d'affaires, l'exposé doit être clair et méthodique. Dites-vous bien que, plus vous donnez de détails, plus vous risquez de fatiguer l'attention et de lasser la bonne volonté de votre correspondant. Cela n'implique pas forcément une sécheresse de ton qui puisse faire oublier les usages les plus élémentaires de la bonne éducation.

LES DEBUTS DE LETTRES

Nous allons commencer par vous donner certains débuts de lettres (première pierre d'achoppement de l'épistolier), nous poursuivrons par une variété de terminaisons, de telle sorte que, lorsque vous vous adresserez à un ministre ou à un académicien par exemple, vous ne souffrirez aucune hésitation.

Au Président de la République, vous commencerez votre lettre par *Monsieur le Président* ; à un ministre, sénateur, etc. : *Monsieur le Ministre... Monsieur le Sénateur... Monsieur le Député... Monsieur le Conseiller général... Monsieur l'Ambassadeur... Monsieur le Consul... Monsieur le Procureur... Monsieur le Juge... Monsieur le Substitut... Monsieur le Préfet... Monsieur le Maire... Monsieur le Commissaire... Monsieur le Recteur... Monsieur le Proviseur.*

Lorsqu'il s'agit d'un homme de loi que vous connaissez, vous pouvez commencer votre lettre par *Cher Maître, Cher Maître et ami* ou *Maître.*

Si vous êtes intime avec un ambassadeur, vous pouvez

écrire : *Monsieur l'Ambassadeur et cher ami* ou *Mon cher Jean.*

D'égal à égal, vous écrirez suivant le degré d'intimité qui vous lie avec la personne à laquelle vous vous adressez : *Monsieur... Cher Monsieur... Mon cher confrère... Docteur... Cher Docteur... Cher Docteur et ami... Mon cher Maître... Cher ami... Mon cher oncle... Mon cher Etienne...*

Entre femmes

Madame... Chère Madame... Chère amie... Ma chère amie... Chère Jacqueline... Ma chérie... On peut continuer la liste par une série d'appellations non contrôlées du genre : *Ma chatte... Mon ange... mon trésor... mon oiseau bleu, ma crevette rose, etc.* On ne doit pas écrire *Chère madame* à une personne que l'on ne connaît pas.

L'usage interdit qu'entre femmes on écrive : *Ma chère une telle*, en utilisant le nom de famille, mais on peut écrire : *Chère Madame Tartempion* à une employée.

On ne donne jamais à une femme le grade de son mari. Il y a cependant deux exceptions : *Madame la Maréchale* et *Madame la Duchesse*. Lorsque l'on est suffisamment liées on peut écrire : *Madame la Maréchale et chère amie.*

Pour les princesses du sang la formule *Madame* est la seule à employer ; il faut commencer la lettre presque au bas de la page et n'écrire que trois lignes au-dessous.

Entre homme et femme

Entre homme et femme, il est courant de s'appeler : *Monsieur... Madame...* ou *Cher Monsieur... Chère Madame... Cher ami... Mon cher Jean... Ma chère Lucie...*

De la part d'un homme, la formule *Chère Madame une telle* dénote une certaine condescendance. Venant d'une femme à un homme la nuance est différente. Dans l'armée surtout, la femme d'un général peut écrire aux subordonnés de son mari : *Cher Dupont... Mon cher Durando..*

A un inconnu

A un inconnu ou un étranger, vous commencerez votre lettre par *Monsieur... Madame* ou *Mademoiselle... Monsieur l'Abbé.*

A un supérieur

A un supérieur : *Monsieur... Cher Monsieur... Monsieur le Président... Monsieur le Directeur...* etc.

A un inférieur

A un inférieur, employé, vieux serviteur, etc. : *Monsieur... Cher Monsieur... Cher ami... Cher Monsieur un tel... mon bon un tel... Mon cher un tel... Mon brave Charles... Ma bonne Jeanne...*

A un ami

Evitez le *Mon cher ami, Cher ami* est plus simple et moins possessif. On ne dit jamais : *Mon cher Monsieur* ni *Ma chère Madame*, non plus que *Mon cher Monsieur un tel* ou *Ma chère Madame une telle.*

Dans la plupart des pays étrangers, on écrit pour la première fois à un inconnu : *Dear Mr X.* En français, vous ne ferez de même envers un étranger.

Devant un titre

Si vous vous adressez à une personne titrée, n'écrivez jamais

Monsieur le Comte ou *chère Madame la Marquise*, mais *Monsieur, Madame, cher Monsieur ou Madame*. Seule exception : *Monsieur le Duc* et *Madame la Duchesse*.

L'usage du mot « Monsieur » ou « Madame » devant un titre est réservé aux domestiques, protégés, fournisseurs, ou aux personnes désireuses d'obtenir une faveur.

A un académicien

Si pour une raison quelconque vous devez écrire à un académicien, commencez et terminez votre lettre par : *Maître*, ou *Cher Maître*, ou *Cher Maître et ami*. Si vos liens d'amitié sont suffisants pour autoriser cette familiarité, vous pouvez aussi l'appeler par son prénom.

A un militaire

Lorsqu'on écrit à un militaire, le début de la lettre variera suivant que l'auteur appartient ou non à l'armée. Lorsqu'un militaire s'adresse à un supérieur il écrira : *Monsieur le Maréchal, Mon Colonel, Mon Capitaine*, etc.

Une femme à un militaire

Une femme, ne donne son titre qu'à un maréchal de France et à un général. Jamais le sexe faible n'adressera une lettre à un militaire en commençant par *Mon colonel* ou *Mon capitaine*. Elle lui parlera en disant : *Bonjour général* et elle écrira *Général* ou *Amiral*, ou *Cher général, Cher amiral*, exactement comme si elle s'adressait à lui dans la conversation. Hormis ces trois titres elle écrira à tout autre officier : *Monsieur*, ou *cher ami*, ou *cher René*.

Tant que les femmes ne seront pas appelées sous les drapeaux, ceci restera valable.

Dans la marine

Dans la marine, on s'en tient aux en-têtes employés dans la vie civile. Entre militaires du même grade on écrit *mon cher camarade*, à moins qu'on ne s'adresse à un gradé beaucoup plus ancien que soi : dans ce cas il est d'usage que le plus jeune se comporte comme à l'égard d'un supérieur.

D'un civil à un militaire

Lorsqu'un civil correspond avec un militaire, à partir du grade de commandant dans l'armée et de capitaine de corvette dans la marine, on lui écrit en lui donnant son grade, exception faite pour un maréchal de France. Ex. : *Mon Général* ou *Amiral* (qu'il s'agisse d'un contre-amiral ou d'un vice-amiral), *Mon colonel* ou *Mon commandant* (de même pour un capitaine de vaisseau et un capitaine de frégate ou de corvette).

A un ecclésiastique

Quand on écrit à un ecclésiastique, le titre principal doit toujours être précédé de Monsieur : *Monsieur le Pasteur, Monsieur le Grand Rabbin, Monsieur l'Abbé, Monsieur le Vicaire, Monsieur le Chanoine*, etc.

A un cardinal, on écrira *Eminence*, à un archevêque, ou un évêque, à un patriarche ou un archimandrite des églises orientales catholiques dissidentes on commencera une lettre par *Monseigneur* ou *Excellence ;* à un abbé crossé et mitré par *Mon Révérendissime Père*.

Aux Supérieurs Généraux ou Provinciaux d'un ordre ou d'une congrégation on écrira : *Mon très Révérend Père, Ma très Révérende Mère*. Au Supérieur d'un monastère bénédictin : *Révérendissime Père*. A une abbesse bénédictine : *Madame l'Abbesse* ou encore *Madame la Prieure*. A un Supérieur ou à une Supérieure d'ordre non cloîtré, on écrit généralement : *Monsieur le Supérieur, Madame la Supérieure.* Cependant les titres peuvent différer, en particulier celui du Supérieur des Frères de la Doctrine Chrétienne, qui a droit au : *Très cher Frère* ou *Très honoré Frère.*

A une religieuse on écrira : *Ma chère Mère* ou *Ma chère Sœur,* suivant l'ordre ou la fonction.

Aux religieux non sécularisés on dira : *Mon Frère* et *Monsieur* pour les Sulpiciens ou les Lazaristes.

Ambassadeur et ministre

Dans une lettre à un ambassadeur, à un ministre, il est de bon ton de glisser, au moins une fois, *Votre Excellence* (de même pour un évêque ou un archevêque), *Votre Eminence* (cardinal) *serait-elle assez bonne pour...*

A un prince de Maison Royale

A un prince de Maison Royale, *Votre Altesse Royale* ou *Impériale* doit intervenir une ou deux fois ; de même pour les princes ayant le titre d'Altesse : *Votre Altesse me ferait-elle la grâce de...* A moins qu'il ne s'agisse d'un souverain, inutile d'ajouter « sérénissime ».

Le chef ou le prétendant d'une Maison royale ne reçoit qu'une seule appellation : *Monseigneur.* On lui écrira donc comme on lui parlera, à la troisième personne. On peut varier en mettant parfois : *Prince.*

A une reine

L'étiquette française veut que toutes les femmes, de la bergère à la souveraine, aient droit au nom de « Madame ». Une lettre à une reine débutera donc par *Madame* et sera écrite à la troisième personne, chaque phrase commençant par *Votre Majesté*.

Correspondance administrative

Il y a lieu d'établir une distinction entre les destinataires civils et militaires. Dans une letttre adressée à l'administration civile, l'en-tête sera ainsi composé : *A Monsieur le Sous-Préfet des Vosges, A Monsieur le Délégué Général de l'Assistance Publique*, etc.

Autorité militaire

Dans une correspondance à l'autorité militaire, il est bon d'inscrire sur le côté, en haut de la feuille, les nom, qualité et domicile de celui à qui on écrit, précédé des nom, qualité et domicile de celui qui écrit : *Edouard Lafosse, distillateur à Cognac, rue de la Cornue à Monsieur le Colonel commandant le 9e Régiment d'Infanterie à...*

Rédaction d'une lettre administrative

La rédaction de certaines lettres demande un usage en ce qui concerne la présentation. Ainsi les lettres-pétitions, requête à l'Administration civile, etc., sont généralement rédigées à la troisième personne : *Les soussignés* (nom, prénom, profession domicile), *ont l'honneur d'exposer à Monsieur le... que... C'est pourquoi ils espèrent que... et prient, Monsieur le... de bien vouloir agréer l'assurance de leur considération la plus distinguée...*

TERMINAISONS DES LETTRES

Nous arrivons au plus difficile : la terminaison d'une lettre ou la rédaction des formules consacrées. Celles-ci doivent être en rapport avec la personnalité des deux correspondants, leur âge, leur sexe, leur degré de relations ou d'intimité.

Hommes à un supérieur

Entre hommes, vis-à-vis d'un supérieur, on utilise toujours les mots : *Veuillez agréer, Monsieur, l'expression de mon plus profond respect* ou *de mes sentiments respectueux* ou *l'expression de ma respectueuse gratitude* ou *de ma respectueuse sympathie* ou *respectueuse affection* ou *respectueuse amitié*, suivant le degré d'intimité de l'épistolier au correspondant.

A un égal

Lorsque l'on s'adresse à un égal on peut remplacer, dans les phrases finales, les mots *Veuillez agréer* par *Veuillez croire à mon fidèle souvenir* ou *à mon amitié* (à moins que l'affection ne vienne balayer ces formules).

Voici quelques modèles : *Recevez, Monsieur, je vous prie, l'assurance de mes sentiments distingués* ou *très distingués* ou *Veuillez croire, Monsieur, à ma considération distinguée* ou *à mes sentiments très sympathiques* ou *bien cordiaux* ou *Veuillez croire, cher Monsieur, à ma meilleure sympathie* ou *à mon amitié*. A moins que vous ne préfériez le *Croyez, cher ami, à mes sentiments dévoués* ou *Recevez mon souvenir le meilleur* ou *mon très amical souvenir* ou *croyez à mon affectueux souvenir*.

A un oncle

Un neveu ou une nièce emploieront la formule : *Veuillez croire, mon cher oncle, à ma respectueuse affection* ou *à mon respectueux et affectueux souvenir.* Mais si vous aimez bien votre oncle, embrassez-le donc, surtout si vous êtes sa nièce, il sera enchanté.

A un homme plus âgé

A un homme plus âgé, vous enverrez, monsieur, vos sentiments respectueux, dévoués, fidèles. Vous pouvez varier les nuances à l'infini selon les liens d'amitié, d'affection ou d'admiration qui vous attachent à ce correspondant.

D'une femme à un homme

Une femme n'envoie jamais de sentiments à un homme (sauf à un prélat), mais ses souvenirs *les meilleurs* ou *amicaux* en général : *déférents, admiratifs,* ou *l'expression de sa très vive admiration* si elle s'adresse à un académicien, à un écrivain, à un chef d'orchestre, etc., ou, plus simplement, *sa considération distinguée* ou *très distinguée.* Elle peut assurer un préfet ou un ministre de sa parfaite considération.

D'une femme à une femme

Entre femmes, il est d'usage de donner un petit ton plus amical, plus sentimental, à la fin d'une lettre, sauf envers des personnes de condition moindre. Dans ce cas, on peut les embrasser de tout son cœur si on a de l'affection pour elles. Si on s'adresse à une femme que l'on connaît peu, on lui enverra *sa considération distinguée* ou encore *son meilleur souvenir.* On peut aussi terminer la lettre par : *Recevez, chère Madame mes sentiments les meilleurs,* ou *mon souvenir le meilleur* ou *ma parfaite considération.*

A une femme âgée ou d'une condition supérieure, vous enverrez madame *vos sentiments les plus respectueux* ou *les plus déférents.*

D'un homme à une femme

De la part d'un homme écrivant à une femme, le respect est de rigueur. *Veuillez agréer, Madame, l'hommage de mon profond respect ; Recevez, chère amie, l'expression de mes hommages les plus respectueux,* ou *l'assurance de ma respectueuse amitié ; Je dépose à vos petits pieds, ma chère Sophie, mes hommages les plus fidèles et mon amitié respectueuse ; Crois-moi, chère Caroline, ton respectueux et fervent admirateur* (On peut jouer avec ces formules comme le Bourgeois gentilhomme : *Belle Marquise, vos beaux yeux me font mourir d'amour ; D'amour me font, belle marquise, vos beaux yeux mourir*, etc. En ce qui concerne les jeunes gens et les jeunes filles d'aujourd'hui, les formules sont infiniment plus libres... tous les jeunes se tutoient et le respect n'est plus de rigueur.

Lettre à un homme marié

Dans une lettre à un homme marié, la politesse exige qu'un homme ajoute quelques mots pour la femme de celui-ci : *Veuillez croire, Monsieur, à mes sentiments les plus distingués et présenter à Madame Dupont l'hommage de mon profond respect* ou *mes très respectueux hommages. Veuillez recevoir, cher Monsieur, mon souvenir amical et transmettre à Madame X mes hommages déférents. Veuillez agréer, Monsieur, l'assurance de mes sentiments les meilleurs et déposer aux pieds de Madame D mes hommages les plus déférents. Bien à vous, mon cher Jacques, et mes hommages à votre épouse.*

Si l'amitié, le ton devient plus familier : *Je t'envoie, mon vieux Jacques, mes amitiés les meilleures que tu voudras bien partager avec ta femme*, ou *avec Hélène*... Ne jamais dire *à votre dame*.

D'une jeune mariée à une amie

Une femme mariée écrivant à une amie n'omettra pas non plus d'ajouter à la terminaison de sa lettre les hommages de son mari (même si celui-ci a oublié de l'en charger). Pour cela elle emploiera une formule voisine de celles-ci : *Croyez, chère amie, à mes sentiments affectueux, auxquels mon mari me prie d'ajouter ses respectueux hommages. Voulez-vous, ma chère Jeanne, croire à toute mon amitié et aux hommages respectueux de mon époux. Je t'embrasse mille fois, ma Suzanne et Bernard déroule à tes pieds un tapis d'hommages.*

D'un homme marié à un homme marié

Un homme marié, écrivant à un ami également marié, le fera à peu près en ces termes : *Veuillez, cher ami, recevoir, de ménage à ménage, nos souvenirs les plus amicaux. Veuillez, chers amis, partager nos plus sympathiques souvenirs. Veuillez je vous prie, croire à mon amitié, et transmettre à Madame X mes plus respectueux hommages.*

Parler d'un tiers

Si, au cours d'une lettre, on parle d'un tiers, on écrira toujours *Monsieur, Madame*, ou *Mademoiselle un tel* en entier s'il s'agit d'un ami du destinataire. Si l'on veut parler d'une personne étrangère à lui comme à soi, on écrira en abrégé *M., Mme*, ou *Mlle*.

Protocole

Les lettres officielles suivent les règles d'un protocole assez strict. Un haut fonctionnaire enverra à un inférieur sa *considération distinguée*, à un supérieur plus élevé dans la hiérarchie *sa très haute considération*. A égalité sa *haute considération. dération*.

A un roi ou un empereur

Voici, d'après le protocole du Ministère des Affaires Etrangères, la terminaison qu'il convient d'employer lorsqu'on s'adresse à un roi ou à un empereur :

Que Votre Majesté
daigne agréer les assurances
de ma très respectueuse considération.

S'il est vrai que l'on peut écrire directement à un roi, à une reine, il est infiniment préférable, lorsque l'on n'a pas de liens de parenté ou de raison de s'approcher d'eux sur le plan personnel, de s'adresser à la personne chargée de leur correspondance : le secrétaire privé (pour la reine d'Angleterre), le Grand Maréchal de la Cour (pour l'archiduchesse de Luxembourg), le Directeur du cabinet de la Reine (pour la reine de Hollande), etc.

Prince du sang

A un prince du sang on terminera une lettre par :

Je prie Votre Altesse
de me croire
son très respectueux
et très dévoué serviteur.

ou :

Je prie
Votre Altesse Royale
d'agréer les assurances
de ma respectueuse considération.

A un prince

A un prince, un homme écrira en fin de lettre : *Daignez agréer* ou *Veuillez recevoir, Monseigneur, l'hommage de mon profond respect.* Une femme écrira : *Veuillez croire, Monseigneur, à ma très haute considération ;* elle peut ajouter : *et à mon amical souvenir.*

Le prince de Beauveau admettait fort bien qu'on lui écrivît : « Cher ami » mais il ne supportait pas qu'on lui envoyât une lettre commençant par « Mon cher Prince ».

Le maréchal Lyautey qui s'adressait familièrement au duc de Guise en l'appelant : « Mon cher Seigneur », n'eût cependant jamais utilisé cette formule au début d'une lettre.

A un duc

A un duc inconnu, une femme terminera sa lettre par : *Veuillez croire, monsieur le duc, à mes souvenirs les plus déférents.* Si elle l'a déjà rencontré, elle dira : *Veuillez croire, monsieur le duc, à mes souvenirs les meilleurs.* Mais si le duc est très âgé, elle lui enverra : *son souvenir respectueusement déférent.*

Par contre, si elle est assez liée avec son correspondant, elle écrira : *monsieur le duc et cher ami* ou *mon cher Pierre.*

Un homme s'adressant à un duc terminera sa lettre par : *Veuillez croire, monsieur le duc, à l'expression de mes sentiments les meilleurs,* ou *respectueux* ou *très déférents,* selon l'âge ou le degré d'intimité entre le duc et lui.

A une duchesse

Pour une duchesse, la formule ne sera pas différente d'une lettre à une personne âgée ou très respectable, à cette exception près que l'on mettra *madame la duchesse*.

A un ecclésiastique

A tous les ecclésiastiques, on donne leur titre : Monsieur l'Abbé — Monsieur le Curé — Monsieur le Doyen — Monsieur le Supérieur — Monsieur le Pasteur — Monsieur le Rabbin.

On termine une lettre par : *l'assurance de sentiments respectueux*. Mais, pour certains membres de l'Eglise catholique, il est coutume d'employer des formules spéciales.

Au Pape

Si, par extraordinaire, vous adressiez une lettre ou une supplique au Pape, sachez qu'il existe un protocole spécial réglant cette sorte de correspondance que l'on n'envoie jamais directement au Saint-Père, mais au prélat chargé de la Secrétairerie d'Etat.

A un cardinal

Pour un cardinal, la formule employée est :

Je prie Votre Eminence de daigner agréer
l'hommage de mon profond respect.
Votre très humble et très dévoué serviteur.

Pour un archevêque et un évêque on terminera une lettre par :

J'ai l'honneur d'être,
de Votre Excellence,
l'humble et dévoué serviteur.

Ou plus simplement :

Veuillez me croire, Excellence,
votre très humble et très dévoué serviteur.

ou encore :

Veuillez croire, Excellence,
à l'hommage de mon profond respect.

Une femme écrira :

Daignez accepter, Excellence,
l'expression de mon profond respect.

A un vicaire général

Pour un vicaire général : *Daignez agréer, Monsieur le Vicaire Général, l'expression de mon très profond respect*, ou *Veuillez agréer l'expression de mes sentiments respectueux.*

A un abbé mitré

J'ai l'honneur d'être,
de Votre Paternité,
le très humble et dévoué serviteur.

A des supérieurs d'ordre

Pour tous les Supérieurs d'un ordre ou d'une congrégation ou d'un couvent : *Veuillez agréer, mon très Révérend Père* ou *ma très Révérende Mère*, ou *Monsieur le Supérieur* ou *Madame la Supérieure, l'hommage de mon profond respect* (ou *de mon respectueux dévouement* — ou *de ma très respectueuse affection*).

A l'administration civile

Au Président de la République, il convient de terminer sa lettre par : *Veuillez agréer, Monsieur le Président, l'hommage de mon profond respect*.

Demande d'audience

S'il s'agit d'une demande d'audience, un homme écrira :

En vous renouvelant à l'avance
l'expression de ma très profonde gratitude
je vous prie de croire,
Monsieur le Président,
à l'hommage de mon respectueux dévouement

ou :

à l'expression de mes sentiments les plus respectueux.

Une femme écrira :

Croyez ou *Veuillez croire,*
Monsieur le Président,
à ma très haute considération.

Requête

S'il s'agit d'une requête sollicitant la remise d'une amende ou une demande d'indemnité ou de secours, vous terminerez votre lettre, monsieur, par :

Veuillez agréer,
Monsieur le Président,
l'expression de toute ma gratitude
et l'hommage de mon plus profond respect.

Et vous, madame, par :

Veuillez accepter (ou *recevoir*),
Monsieur le Président
l'assurance de ma très haute considération.

A un ambassadeur

Lorsqu'on écrit à un ambassadeur en exercice, l'élégance diplomatique veut que l'on termine sa lettre par :

Je prie Votre Excellence
d'accepter les assurances
de ma très haute considération
et de mon profond respect.

Entre ambassadeurs

Certains ambassadeurs emploient encore cette formule pour écrire à un « confrère » étranger, mais cela fait un tantinet précieux. On peut écrire plus simplement : *Veuillez accepter, Monsieur l'Ambassadeur, les assurances de ma très haute considération* ou *de mon plus profond respect*. Lorsqu'une femme s'adresse à un ambassadeur, elle termine sa lettre par : *Veuillez, je vous prie, Excellence, croire à ma haute considération* ou, si l'on est en termes amicaux : *Je vous prie de croire, Monsieur l'Ambassadeur et cher ami, à mon souvenir déférent et très amical*.

A un maréchal de France

A un maréchal de France, un homme terminera sa lettre par *l'expression de ses très respectueux sentiments* ou de son *plus profond respect*.

Une femme dira : *Veuillez croire, Monsieur le Maréchal, à mon souvenir très déférent* ou *à mon respectueux souvenir* si elle est très jeune. Elle ajoutera : *et très amical* si elle est suffisamment liée avec ledit maréchal.

A son épouse, on écrira *Madame la Maréchale*.

A un général

A un général, un homme enverra l'expression de son respect. S'il est lui-même dans l'active ou dans la réserve et inférieur en grade, il s'adressera à un officier en ces termes : *Veuillez agréer, mon Commandant* (ou *mon Colonel*) *mes sentiments respectueux* (ou *très respectueux*) s'il est moins gradé.

Une femme écrira : *Veuillez croire, cher général, à mon meilleur et déférent souvenir* ou *amical* (si elle est âgée). Elle emploiera la même formule si elle est très jeune et le général un peu moins. S'il est âgé, elle peut lui envoyer son respectueux souvenir.

On n'écrit jamais « Chère générale » à la femme d'un général.

Au Président du Conseil

Au Président du Conseil ou à un ministre, un homme écrira : *Veuillez croire, Monsieur le Président* (ou *Monsieur le Ministre*) *à l'expression de ma très haute considération* ou *l'expression de mes sentiments respectueux* ou *les plus respectueux et les plus dévoués*.

Une femme écrivant à un ministre terminera sa lettre par la formule : *Veuillez croire, Monsieur le Ministre, à ma considération distinguée* ou *la plus distinguée*.

Fonctionnaires

Si l'on écrit à l'un ou à l'autre des fonctionnaires faisant partie de cette hiérarchie, on emploiera une formule semblable, mais dans le cas seulement d'une lettre officielle. Sinon, surtout vis-à-vis de hauts fonctionnaires du même monde, on se servira, en variant la formule, du mot « sentiment »... plus ou moins dévoué, distingué ou amical.

Directeur de ministère

Pour un directeur de ministère ou un sous-directeur : *Veuillez agréer, Monsieur le Directeur — ou sous-directeur — l'expression de ma considération la plus distinguée* (ou *très distinguée* ou *de ma parfaite considération, de mon respectueux dévouement, de ma respectueuse considération, de mes sentiments très respectueux.*

De même pour un haut fonctionnaire, un préfet, un sous-préfet, un sénateur, un député, un président de Conseil Général.

Un inférieur écrira : *Veuillez recevoir, Monsieur le... mes respectueuses salutations* ou *l'expression de ma déférence parfaite.*

A un avocat

On ne commet aucune incorrection en appelant un avocat « Monsieur » au lieu de « Maître ». Sur les enveloppes il sera cependant préférable de faire précéder le nom des avocats, avoués, notaires ou huissiers du mot *Maîtres* (en évitant toutefois l'abréviation M^e). Pour un avocat qui a été bâtonnier à un moment quelconque de sa carrière, on l'appellera toujours *Monsieur le bâtonnier.* (Même règle pour les présidents du Conseil et les ministres).

Pour un avocat ou un avoué, vous terminerez votre lettre, madame, par : *Veuillez agréer, Maître, l'assurance de ma parfaite considération* ou *je vous prie de croire, mon cher Maître, à mon souvenir amical et reconnaissant*. Un homme écrira : *Je vous prie d'agréer, cher Maître, l'expression de mes sentiments les meilleurs*. Il peut aussi ajouter des remerciements à la formule finale : *En vous remerciant encore, mon cher Maître, je vous prie d'agréer*, etc.

A un greffier en chef ou à un huissier, on terminera la lettre par *l'expression de mes sentiments distingués* ou *de ma considération distinguée*.

Sentiments envers le destinataire

Dans la correspondance privée, les sentiments que l'on éprouve à l'égard du destinataire dictent les expressions de sympathie, d'affection, ou d'amitié sans toutefois exclure le respect, quelle que soit l'intimité que l'on ait avec une très haute personnalité.

Nous ne parlerons pas de la correspondance entre mari et femme ou entre fiancé et fiancée. Les sentiments suppléent à toutes les formules.

LA SIGNATURE

On signe généralement en bas de la dernière ligne et à droite. Plus on signe simplement, plus on montre de distinction.

Titre et particule

Titre et particule ne s'emploient que dans les lettres d'affaires ou officielles. Dans ce cas on signe : *Marquise de Z.*

Il est bien évident que l'on ne peut demander à l'homme d'affaires qui signe des centaines de pièces par jour de faire de la calligraphie. Sa secrétaire doit taper son nom en bas de la lettre.

Signature masculine

La signature masculine se compose du nom de famille précédé de l'initiale ou du prénom entier. Cette signature est plus ou moins agrémentée de traits qui la caractérisent et parfois en rendent la reproduction difficile. Cependant cette signature ne doit pas afficher une trop grande recherche. Ceux qui pensent être distingués ou faire preuve de personnalité en l'enjolivant de paraphes étonnants font une lourde erreur.

On peut aussi terminer une lettre par le nom de famille seul. Si celui-ci comporte une particule, elle ne doit être mentionnée que si elle suit le prénom. Le vicomte de la Marrière signera : *J. de la Marrière* ou *La Marrière*.

Un homme ne doit jamais introduire son titre ou son grade dans sa signature. On signe *Gilbert de la Girofle* et non *Comte de la Girofle, L. Picard* et non *Colonel Picard.* (Sauf s'il s'agit d'une note de service.)

Signature féminine

La signature féminine suit le même protocole. Une jeune fille signera son prénom suivi de son nom de famille. Mariée, une femme signera son nom de jeune fille suivi de celui de son mari. En France, cette habitude n'est généralement conservée que dans l'aristocratie ; dans la bourgeoisie on signe le plus souvent l'initiale du prénom suivie du nom de femme mariée.

Une femme ne devra en aucun cas signer : *Comtesse de R.* ou *Baronne de B.*, sauf si elle s'adresse à un commerçant ou à un fermier.

D'une femme à un commerçant

Ecrivant une lettre d'affaire, une femme signera son initiale de prénom suivie de son nom de femme mariée. Parfois lorsque ce nom est assez courant, elle y adjoint le prénom de son époux afin d'éviter une confusion fâcheuse : Mme Louis Durand signera *J. Louis Durand* ou *Jacqueline L. Durand*.

Ne pas signer « Veuve »

Il faut éviter à tout prix de signer « Veuve Durand » lorsque l'on a perdu son mari, à moins qu'il ne s'agisse d'une signature officielle où ce terme est parfois requis.

L'ENVELOPPE

L'enveloppe doit être de la même couleur que le papier et ne présenter aucune tache ni rature. Si vous êtes en deuil, la feuille peut être blanche et l'enveloppe bordée d'un filet noir, mais on ne doit jamais employer un papier de deuil pour écrire à un souverain, à un chef d'Etat, à un personnage officiel ou religieux.

Libellé

Lorsqu'on écrit à un couple, on libellera l'adresse de la façon suivante : *Monsieur et Madame Garcia* ou, s'il s'agit d'un docteur : *Le Docteur et Madame Durand*, à un ministre

Monsieur le Ministre et Madame X, à un ambassadeur :

A Son Excellence,
Monsieur l'Ambassadeur et Madame de Z.

Si l'ambassadeur possède un titre on écrira Monsieur l'Ambassadeur
et la Comtesse de R.

Pour un académicien ne jamais oublier d'écrire
Monsieur André Maurois
de l'Académie française
ou Monsieur Maurice Genevoix
secrétaire perpétuel de l'académie française.

N'écrivez jamais : Monsieur le Comte de La Trouille et Madame.

Le timbre

Le timbre doit être soigneusement collé, en haut et à droite de l'enveloppe, la tête en haut. Si plusieurs timbres sont nécessaires, ils doivent être posés les uns à côté des autres et non en tous sens comme un puzzle.

La politesse consiste à vérifier le poids d'une lettre un peu épaisse afin de ne pas imposer au destinataire une surtaxe d'affranchissement.

L'adresse

L'adresse sera écrite au milieu de l'enveloppe : Monsieur, Madame ou Mademoiselle, en entier, ainsi que le nom de famille.

Au-dessous du nom propre, on écrira le numéro et la rue, puis le nom de la ville accompagné du numéro de l'arrondissement ou du numéro du département. Pour une lettre destinée à l'étranger, on copie servilement l'adresse telle qu'elle est indiquée par le correspondant. Généralement le numéro de la rue est situé après le nom de celle-ci. Ne pas oublier de mentionner le pays. Dans bien des capitales étrangères les arrondissements sont signalés par des chiffres. Exemple : N.Y. 21 — New York (Etats-Unis).

Fonction ou titre

Pour écrire à un homme, il est d'usage d'ajouter sur une seconde ligne la fonction principale du destinataire, après quoi viendra l'adresse. Ce qui donnera, par exemple :

Monsieur Alexis Coupole *de l'Académie française* *10, rue Freycinet* *PARIS, 16ᵉ*

ou :

Monsieur Jean L'OREILLE *Auditeur au Conseil d'Etat* *10, rue de la Faisanderie* *PARIS, 16ᵉ*

À un médecin

Cependant, lorsqu'on écrit à un médecin, il est d'usage de libeller ainsi l'adresse :

Le Docteur Leblond
Chef de clinique

8, rue du Général-Foy
Paris, 16^{e}

ou :

Monsieur le Professeur Duval
15 rue de l'Université

Aux personnes âgées ou titrées

Lorsqu'on s'adresse à une personne âgée ou bien à une personne titrée, un vieil usage veut que l'on emploie la formule.

à Madame

Madame Lariplette
5, rue Picot

ou :

à Madame
Madame la Comtesse de la Crapaudière
Château de X.

mais on peut écrire aussi :

Madame la Comtesse de la Galanterie
15, rue Surcouf

sans que personne y trouve à redire.
A un ménage on écrira :

Marquis et Marquise de la Roche

A une femme

Lorsqu'il s'agit d'une femme, il est préférable, si l'on doit mentionner sa qualité, de mettre celle-ci au masculin :

Mademoiselle Varivière
Avocat à la cour

ou :

Docteur Suzanne Leblanc

A un ménage

Pour écrire à un ménage, on fait toujours passer l'homme en premier :

Monsieur et Madame Jacques Durand

Si le nom est long et que l'on ne puisse faire tenir Monsieur et Madame sur la même ligne, on écrira :

Monsieur
et Madame du Fort de la Halle

Lorsqu'il s'agit d'un faire-part, on peut libeller une adresse en commun :

Monsieur et Madame Jacques Durand
Mademoiselle Lise et Monsieur Philippe Durand

ou :

Mademoiselle Lise Durand
et Monsieur Philippe Durand

A un Anglais

A un Anglais, appartenant au pairage, on écrit Lord ou Sir,

selon les cas indiqués par le guide de l'étiquette. Pour une femme de la noblesse, on écrira toujours Lady. A un Anglais qui ne porte pas de titre de noblesse mais qui appartient à un milieu élevé, on fera suivre son prénom et son nom du mot Esq.[1]. Exemple : *Peter Smith Esq*. Pour une femme on fera précéder le nom de Mrs. S'il s'agit d'un homme et d'une femme, on écrira Mr. et Mrs.

A un homme d'Etat

A un homme d'Etat étranger, on écrira :

Son Excellence Monsieur X
Ambassadeur du Chili en France

Aux personnages officiels

Pour écrire aux personnages officiels, on emploiera le :

A Monsieur,
Monsieur le Président de la République

Aux personnalités titrées

Si un colonel, un ministre, un avocat ont un titre et sont mariés, on écrira au ménage :

Le Colonel et la Marquise de X
Maître et Baronne de Z
Monsieur le Ministre
et la Comtesse de V.

1. Abrégé d'Esquire — écuyer.

A un souverain

Si l'on s'adresse à un souverain :

A Sa Majesté Royale (ou *Impériale*)

A un militaire

Pour écrire à un militaire, s'il s'agit d'un maréchal de France, on libellera l'adresse :

A Monsieur
le Maréchal X.

A un général :

Le Général Z.

S'il s'agit d'un officier supérieur :

Le Colonel X.
commandant le 10ᵉ régiment...

On écrit d'ailleurs toujours de cette manière aux militaires de grade inférieur : *Lieutenant Durand, 5ᵉ Régiment...*

Aux militaire titrés

Il n'est pas d'usage de donner leur titre nobiliaire aux militaires jusqu'au grade de général. Dans ce cas on écrira :

Le Général,
Marquis d'Arambelle,
commandant le 10ᵉ régiment...

Dans la marine, on agit de même, mais pour les officiers subalternes il est d'usage d'employer la formule : *Monsieur Jacques de la Roche, Enseigne de vaisseau...*

Aux écclésiastiques

A un cardinal :

A son Eminence
le Cardinal X,
Archevêque de...

A un archevêque ou à un évêque :

A son Excellence
Monseigneur X.,
Archevêque ou *Evêque de...*

A un vicaire général :

Monsieur le Vicaire Général X.

A un abbé crossé et mitré :

Au Révérendissime Père X.,
Abbé de...

Au Supérieur d'une Congrégation :

Le Très Révérend Père X.

A un religieux non prêtre :

Le Frère X. ou le *Père Z.*

A tout autre prêtre :

Monsieur l'Abbé X.

Ecclésiastiques non catholiques

Pour écrire à un rabbin, à un grand rabbin ou à un pasteur, on libellera l'adresse ainsi :

Monsieur le Grand Rabbin

ou :

Monsieur le Pasteur Grégoire

Correspondance administrative

Pour une correspondance administrative, on ne met jamais le nom du destinataire, mais sa qualité : *Monsieur le Préfet du département de…, Monsieur le Procureur de la République, près le Tribunal civil de…, Monsieur le Colonel, commandant l'Ecole d'application de…*

CARTES POSTALES

Quand on part en vacances ou en voyage, on envoie souvent des cartes postales à ses amis. C'est évidemment un moyen pratique de leur dire que l'on pense à eux, et de leur faire goûter les charmes du pays que l'on traverse.

Il y a des gens qui aiment cela, pourquoi les en dégoûter ? On peut ainsi faire de jolies collections...

Savoir choisir

Un conseil : Tâchez si possible de « personnaliser » la carte c'est-à-dire de la choisir selon les destinataires, afin de les intéresser ou de les amuser. Evitez si possible les banalités, les « grosses bises », les formules prétentieuses, les plaisanteries grivoises, car le facteur — s'il en a le temps — la concierge ou votre servante se régaleront volontiers de la prose ainsi offerte à leur indiscrétion ou à leur curiosité.

Ne pas attendre

En tout cas, il ne faut pas attendre le dernier jour, lorsqu'on est en vacances, pour envoyer en bloc une série de cartes postales : celles-ci doivent représenter une pensée d'amitié et non un pensum de la dernière heure.

LES TELEGRAMMES

Un télégramme doit toujours être court et sans ambiguïté. Si vous êtes empêtré dans une phrase, séparez-la au besoin par le mot « stop », qui veut dire « point ». N'essayez pas de faire une économie en supprimant « Monsieur », « Madame » ou « Mademoiselle » s'il s'agit d'une personne âgée, respectable ou non familière. Dans ces trois cas n'oubliez pas une formule de politesse suivie de votre signature.

LES FAIRE-PART

Le faire-part est un avis imprimé ou gravé destiné à prévenir amis et connaissances d'un événement survenu dans une famille : naissance, fiançailles, mariage, mort. Il ne dispense pas de l'obligation d'avertir auparavant les parents et intimes par téléphone ou par lettre.

Invitations

Rédaction manuscrite

Il y a deux manières de lancer une invitation : soit donner un coup de fil, soit envoyer une carte (entre dix jours et un mois avant la date prévue, selon l'importance des invités).

L'invitation à déjeuner ou à dîner est rédigée à la main sur une carte de visite ou, lorsqu'il s'agit d'un repas important, sur une carte imprimée et gravée, dans un format proche de la carte correspondance.

Cartes spéciales

On peut faire imprimer ces cartes spéciales que l'on complète à la main (Voir page suivante).

Sur les lignes blanches, vous inscrivez :*Monsieur et Madame Y.*, et sur la troisième ligne : *dîner le samedi 19 mai — 8 h 30 — Smoking* ou *au cocktail qu'ils donneront à l'occasion de la naissance de leur petit-fils* ou *cocktail le lundi 18 avril de 18 h à 20 h.*

MONSIEUR ET MADAME X.

prient ....

de leur faire le plaisir de venir ....

....

R.S.V.P. 46, avenue Foch - P. 01.46.52

Carte de visite

Lorsque l'on utilise une carte de visite, les invitations sont libellées ainsi.

MONSIEUR ET MADAME X.

dîner le mardi 12 mai

20 h 30 *Veston*

Si on donne un dîner au restaurant, la carte d'invitation sera ainsi conçue.

MONSIEUR ET MADAME X.

dîner le mardi 19 mai
Restaurant de la Tour d'Argent
Quai de Tournelle

21 h *R.S.V.P. LIT. 11.96*

Sinon après un coup de téléphone où l'invité accepte, on envoie la carte de confirmation ainsi rédigée :

pour mémoire

MONSIEUR ET MADAME X.

Dîner le mardi 7 janvier

Cravate noire *8 h 30*

Invitations officielles

Pour les cérémonies, déjeuners ou dîners d'association, si les invitations sont envoyées par des particuliers, la formule précédente servira, en ajoutant dans le haut de la carte l'occasion pour laquelle la réception est donnée. Cela se fait d'ailleurs toujours pour les dîners officiels. Dans ce cas, la carte d'invitation se présentera ainsi :

L'Association des Anciens Elèves de... prie Monsieur X... de lui faire l'honneur d'assister à son dîner annuel qui aura lieu le..., à..., sous la présidence de Monsieur Z..., dans les salons du restaurant W. Adresse... uniforme, smoking ou habit...

A droite :

R.S.V.P. avant le... au Président de l'Association à Paris

Expliquer le motif de l'invitation

Si les personnes que vous désirez inviter n'ont pas le téléphone, il faut leur envoyer un petit mot en expliquant la raison du repas, soit intime, soit pour faire rencontrer une personnalité ou un ami :

Chère Jacqueline,
Veux-tu me faire le plaisir de venir déjeuner samedi avec les Dubarry qui sont de passage à Paris et seraient très heureux de te voir. Si tu es d'accord, donne un coup de téléphone à 225 91-42, avant 9 heures.
Je t'embrasse.

ou :

Chère Odette,
Nous serions très heureux de vous avoir à dîner lundi soir à la maison, votre mari et vous avec notre cousin Etienne Leduc qui rentre de Madagascar et qui aura beaucoup de choses intéressantes à nous raconter.

J'espère que vous serez libres, vous me feriez un vrai plaisir.

Je vous envoie à tous les deux mon meilleur souvenir.

Pierrette

Lorsqu'il s'agit d'une invitation plus officielle, vous pouvez envoyer sur votre carte de visite la formule habituelle : *Dîner lundi 8 mai 8 h 1/4 — Smoking* et ajouter en haut de la carte : *Pour rencontrer S. Exc. l'Ambassadeur de France au Chili* ou *Monsieur X., de passage à Paris.*

Lorsqu'il s'agit de faire entendre un musicien, on peut également libeller la carte : *Cocktail de 5 à 8, le vendredi 7 mai et, en haut de la carte : A 6 heures, Line Goldt nous fera le plaisir de chanter quelques mélodies* ou : *Jean Delamare nous jouera trois nocturnes de Chopin*, etc.

Invitations aux autres réceptions

On utilisera encore la carte de visite pour un bridge ou un gin rummy : *Mme X. sera chez elle le jeudi 1er juin.*
Bridge à 4 heures.

ou :

MADAME X.

recevra quelques amis de sa fille le ......
On dansera de 4 heures à 8 heures.

R.S.V.P.

ou :

NICOLE X.

Surprise-partie chez Madame Z.

(Adresse)

Le 1er juin à 9 heures

Smoking *R.S.V.P.*

Jeunes filles : petits fours.
Jeunes gens : champagne.

ou :

MADAME X.

recevra pour sa petite-fille Danièle
le vendredi 2 juin à 10 heures

10, rue du Général-Foy

R.S.V.P.

Acceptation d'une invitation

Pour accepter une invitation, on peut répondre sur sa carte :

Monsieur et Madame Jacques Dupont remercient Madame X. de son aimable invitation, à laquelle ils se rendront avec un vif plaisir.

Excuse

On peut encore s'excuser de ne pouvoir se rendre à un cocktail en écrivant sur une carte de visite : *Monsieur et Madame X. remercient Madame Y. de son aimable invitation à laquelle ils ne pourront se rendre en raison d'un engagement antérieur* ou *Désolés de n'avoir pu se rendre à l'aimable invitation du... Monsieur X., ayant eu un empêchement à la dernière minute.*

Naissance

Espoirs de maternité

D'une jeune femme à ses beaux-parents pour leur annoncer ses espoirs de maternité

Ma chère mère,

Vous vous inquiétez à tort à mon sujet. Depuis quelque temps, en effet, je ne me sens pas très à mon aise ; mais je sais maintenant le fin mot de l'histoire. Je vous donnerai d'ici six ou sept mois un beau garçon ou une jolie petite fille au choix. Quand je dis au choix, c'est plutôt le Seigneur qui en décidera pour moi ; mais quoi qu'il en soit, nous sommes débordants de joie, Alain et moi.

Pour l'instant, j'ai encore quelques petits inconvénients surtout le matin au réveil. Je suis un peu comme dans un bateau sur une mer démontée et c'est inconfortable au possible mais je suis si contente à l'idée d'être maman que je supporterais mille fois pire ! Cependant, en me reposant beaucoup dans la journée, je peux encore faire une foule de petites choses.

Je vous embrasse, ma chère mère, de toute ma tendresse, sans oublier mon père. Vous me direz comment il a réagi à cette bonne nouvelle et vous pouvez commencer à préparer des brassières !

Je vous embrasse tendrement, Alain aussi.

Miche

Réponse d'une mère à sa fille après l'annonce d'une maternité en perspective

Ma chérie,

Comme tu peux le penser, la grande nouvelle que tu m'annonces nous a comblés de joie, ton père et moi. Je vais sérieusement songer à l'art d'être grand-mère. Heureusement, elles portent jeunes, aujourd'hui, les mères grands !

Je me suis précipitée, aussitôt après avoir versé une petite larme de joie, chez la mercière la plus proche pour acheter de jolies pelotes de laine layette : deux roses et deux blanches. Je veux que tu fasses une fille, c'est plus amusant à pouponner. Alors débrouille-toi !

De là, je suis entrée à l'église pour faire brûler le plus grand cierge que j'ai trouvé, afin de remercier Dieu. Comme je suis heureuse ma chérie ! Tu ne peux t'en faire une idée.

Tu féliciteras de ma part ton Alain et tu le remercieras de toute la joie qu'il nous donne.

J'aime autant te dire que ton père est sorti tout guilleret lui aussi, la tête haute et la poitrine un peu gonflée d'orgueil à la pensée d'avoir un beau petit-fils, car il ne veut pas entendre parler d'autre chose que d'un garçon, bien entendu. Les pères sont toujours comme cela, mais rassure-toi si tu me donnes la petite-fille de mes rêves, cela s'arrangera tout de même. Il te pardonnera !

Ne te fatigue pas trop, mais fais de bonnes petites marches si ton médecin n'y est pas opposé. Quand je t'ai attendue, cela m'a permis de te porter gaillardement jusqu'au neuvième mois. Je te souhaite d'être aussi heureuse que moi pendant cette période !

Si tu as envie que j'aille te voir, je bondirai dans le premier train.

En attendant, je tricote. Embrasse Alain pour moi. Toi, mon bébé-chéri — car tu seras toujours mon bébé, — je te serre sur mon cœur avec toute ma tendresse.

Ta maman

Lettre d'une grand-mère à une amie pour annoncer la naissance de son petit-fils

Ma Jacqueline,

Ça y est, je suis grand-mère, et d'un petit-fils encore ! Comme c'est un paresseux, il est né en fin de journée et un dimanche de surcroît. J'espère que cela ne l'empêchera pas de faire de bonnes études ; mais nous n'en sommes pas là. L'allégresse règne dans la maison selon la formule consacrée. La mère et l'enfant se portent bien. Le jeune Thierry est déjà ondoyé ; il est plutôt laid, avec de grands yeux... bleus, comme ils sont toujours, la peau jaune et ratatinée comme celle d'un Chinois ; mais j'espère qu'il se déplissera et blanchira en grandissant. On dit que les enfants trop jolis en naissant ne tiennent jamais leurs promesses. Si le contraire est vrai, ce sera un adonis !

Michèle me charge de t'embrasser et de te dire combien elle sera contente de te voir d'ici deux ou trois jours.

En attendant, je t'embrasse tendrement.

Yvonne

Lettre à un oncle

Mon cher oncle,

Michèle vient d'avoir une petite fille, une Sophie toute rose avec une forêt de cheveux blonds.

Vous pensez si nous sommes heureux de cette naissance. Tout s'est passé normalement. L'accouchement sans douleur est vraiment une bénédiction des dieux, ou des médecins si vous préférez.

J'espère, mon cher oncle, que vous viendrez bientôt la voir, ce qui sera une joie pour nous tous.

En attendant, Michèle et moi vous embrassons avec notre respectueuse et tendre affection.

L'ANNONCE

Le faire-part de naissance est généralement envoyé par les parents du nouveau-né sous forme d'une carte de correspondance plus ou moins grande ou plus ou moins carrée.

MONSIEUR ET MADAME CHABAN

sont heureux de vous faire part
de la naissance de leur fils Jean

15 avril 1954

10, rue Lauriston

Si l'on a beaucoup d'amis, il est possible de faire reproduire sur des cartes un fac-similé d'écriture gravé ou typographié.

Si les parents ont déjà plusieurs enfants, la carte peut être au nom des frères et sœurs du nouveau-né :

EMILIE, DIANE, ELIE, FABIEN.
DANIEL, SOPHIE ET JUSTIN KELLER
sont heureux de vous annoncer la naissance de leur petite sœur Yvette.

Dans les journaux

Même avis dans les journaux où l'on peut utiliser la formule des parents : *Monsieur Philippe Lecasble et Madame, née Paule Dumont, sont heureux d'annoncer la naissance de leur fille Sophie* ou celle des enfants : Emilie, Diane, etc.

La fantaisie

Il est amusant d'annoncer la naissance d'un enfant sur un bristol, décoré d'un dessin représentant soit un bébé dans son berceau, soit une tête d'ange entourée de deux ailes et soufflant sur les nuages, soit un agneau avec un gros nœud autour du cou, soit tout autre dessin original se rapportant à l'heureux événement.

On peut aussi envoyer une carte de visite des parents à laquelle on lie par un ruban une minuscule carte donnant le prénom et la date de naissance du nouveau-né.

Voici un étonnant faire-part d'Extrême-Orient. Il s'agit de l'une des femmes de l'ancien président de la République d'Indonésie qui annonce la naissance de sa fille en ces termes et remercie par la même occasion, des félicitations déjà reçues.

> *Le 7 mars 1967, une cigogne qui survolait l'Indonésie, m'a déposée à Tokyo. Mon nom est Kartika Sari, ce qui signifie « morceau d'étoile ». Pour le moment, je passe mon temps à pleurer, à boire du lait et à dormir mais quand je suis éveillée, je pense souvent à vous et à vos gentilles félicitations. Si je pouvais parler, je vous dirais « merci ».*

On s'étonne quelque peu de voir apparaître cette cigogne dont la légende est née en Alsace (et en Allemagne) mais qui jusqu'à présent, n'avait point été se poser jusqu'en Orient.

FELICITATIONS

Quelle que soit la méthode employée, les personnes ayant été avisées de la naissance d'un enfant ami, doivent répondre par des cartes ou des lettres de félicitations.

Télégramme

On peut : soit adresser un télégramme : *Heureux d'apprendre la naissance de la petite Michèle. Vives félicitations* ou encore *Bravo pour l'arrivée de ce joli petit garçon. Tendrement.*

Carte de visite

Elle s'emploie pour des personnes moins intimes ou accompagnent un cadeau.

MONSIEUR ET MADAME JEAN DELCOURT

adressent à Monsieur et Madame Laborde
leurs plus vives félicitations et leurs vœux
de bienvenue pour la jeune Brigitte.

ou

MONSIEUR ET MADAME X.

Si heureux d'apprendre l'arrivée de Béatrice,
lui envoient tous leurs vœux
ainsi qu'à sa jolie maman.

Félicitations à un ami qui vient d'être père

Mon cher René,

Nous avons été ravis, comme vous pouvez le penser, Gilberte et moi, d'apprendre la naissance de votre petite Sophie. L'arrivée d'un premier enfant dans un ménage est toujours une aventure merveilleuse. Le mélange de joies et de tourments que nous donnent ces petits êtres est un lien de plus entre les parents et j'espère que votre Jacqueline n'a pas trop souffert en mettant ce bébé au monde. Je souhaite qu'elle se remette très vite.

Ma femme ira d'ailleurs la voir d'ici quelques jours et lui porter tous nos vœux.

En attendant, je vous envoie, mon cher René, mon souvenir le plus amical et encore toutes mes félicitations.

Félicitations à la mère

Bravo, ma petite Huguette ! Comme je suis heureuse de te savoir mère d'un beau petit garçon ! Je t'envie un peu, moi qui n'ai jamais su fabriquer que des filles.

C'est merveilleux d'être une si jeune maman. Tu pourras jouer plus tard auprès de ton fils le rôle d'une sœur aînée. Je suis sûr qu'il sera très fier de toi.

J'espère que tout s'est bien passé et que ce personnage ne t'a pas trop fait souffrir avant de mettre le nez dehors. Donne-moi un coup de téléphone dès que je pourrai aller te voir. Je serai si heureuse de t'embrasser et d'apporter à ton Erik une petite timbale qui lui rappellera la vieille amie de sa maman.

Je t'embrasse, ma chérie, avec toute ma tendresse.

Yvonne

Pour offrir un cadeau à l'occasion d'une naissance

Ma petite Sophie,

J'imagine, étant donné ton âge, que rien ne pouvait te faire plus plaisir que d'offrir un cadeau à tes parents. Tu leur dois bien cela !

Nous nous associons donc, toi et moi, pour leur donner ce verre de « mariage » (leur mariage ne semblant pas t'avoir mal réussi) afin qu'ils boivent ensemble à ta jeune santé et à l'immense bonheur que je te souhaite.

Ton vieil ami,
Maurice

Cadeau pour une naissance

Ma chère Solange,

Ta mère m'annonce à l'instant l'heureux événement. Bravo ! tes deux petits jumeaux viennent de t'élever au rang de mère de famille nombreuse.

Je voudrais célébrer cette promotion en t'envoyant deux souvenirs, jumeaux eux aussi ! Mais j'ai peur de me tromper ; indique-moi donc, très simplement, quels objets tu désires : timbales, assiettes à bouillie, coquetiers, que sais-je ?

Fais-le-moi savoir bien vite car j'ai hâte de venir te féliciter et d'admirer tes héritiers.

Bien affectueusement à toi.

Jeanine

Réponse

Chère Jeanine,

Jean et Claude sont dans leur berceau et dorment

à poings fermés. Je n'ose les éveiller pour leur mettre la plume à la main et te dire qu'ils rêvent de timbales tout unies. Ces jeunes gens sont trop gâtés, je ne sais s'ils s'en rendent bien compte ! Tu es un ange et je t'embrasse sur le bout de chaque aile.

Solange

REMERCIEMENTS

Remerciements pour un cadeau de nouveau-né

Chère amie,

Je ne puis vous dire combien vous nous avez fait plaisir en nous envoyant ce ravissant petit livre destiné à recueillir les premières paroles et noter les premiers gestes de notre Eric. Quelle bonne idée vous avez eue !

Nous sommes infiniment touchés de ce joli cadeau et vous envoyons, chère amie, notre souvenir le plus amical et encore toute ma gratitude.

Remerciements à la tante

Ma chère tante,

Comme vous êtes bonne d'avoir tellement gâté notre petite Diane. Elle est un peu jeune pour apprécier le ravissant couvert que vous avez envoyé pour elle, mais je puis vous dire qu'il m'a fait le plus vif plaisir et que nous le trouvons, Jean-Claude et moi, merveilleusement choisi.

J'espère beaucoup que vous assisterez au goûter

de baptême. En attendant, ma chère tante, je vous envoie le premier baiser de Diane, les hommages de Jean-Claude, et ma respectueuse et tendre affection.

Claire

Baptêmes

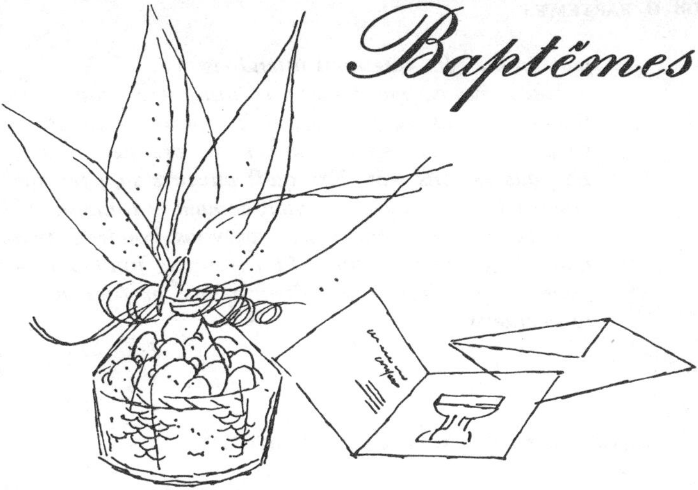

DEMANDE DE PARRAINAGE

Actuellement les jeunes ménages pensent avec raison qu'il est préférable de choisir pour leur enfant des parrains jeunes. L'habitude qui consistait autrefois à demander au grand-père, à la grand-mère, à l'oncle Jules (à héritage) ou bien au cher général, ami de la famille, de porter l'enfant sur les fonts baptismaux, est dorénavant périmée.

Le bébé grandissant préférera trouver chez celui ou celle chargés de remplacer son père ou sa mère, le cas échéant, des amis du même âge que ceux-ci et non des vieillards auxquels il n'aura aucune envie de se confier.

Nous donnons cependant une lettre modèle pour ceux qui restent fidèles aux vieux principes.

Demande à un supérieur d'être parrain

Cher Monsieur,

Votre bonté à mon égard fut toujours si compréhensive que j'ose vous prier de vouloir bien être le parrain du bébé que nous attendons.

Nous avons, ma femme et moi, une telle confiance en vous qu'il nous paraît impossible de choisir un autre protecteur pour notre premier enfant. Et nous serions très fiers qu'il puisse s'appuyer sur vous et vous demander conseil demain et toujours.

J'ose espérer, Monsieur, que vous voudrez bien nous faire cet honneur. Ma femme se joint à moi pour vous adresser nos sentiments profondément respectueux.

Jean Milot

Demande à une amie d'être marraine

Ma chérie,

Veux-tu accepter d'être la marraine de mon petit Jean-Jacques? Je me sens si près de toi par la pensée et par le cœur, qu'il me serait doux de savoir, si je venais à disparaître, que tu me remplacerais près de mon fils. Je connais ta sensibilité, ta droiture, ta gaieté, ton esprit et j'ai pour toi une telle affection, qu'il me semble impossible que tu n'acceptes pas de me faire ce plaisir. Je vais plus loin, je souhaite que ce soit aussi une joie pour toi.

Réponds-moi vite. Je t'embrasse avec ma profonde tendresse.

Lucie

Ma petite Arlette,

L'événement se rapproche. Dans un mois, j'espère mettre au monde un fils ou une fille.

Tu sais toute l'affection que nous te portons, Pierre et moi ; c'est ce qui me fait te demander aujourd'hui si tu accepterais d'être marraine de notre premier-né.

Note bien que, si ces fonctions te paraissent trop lourdes de responsabilité, nous le comprendrions très

bien, mais cela nous ferait un vrai plaisir si tu acceptais. Alors réfléchis et dis-nous vite ta décision.
En attendant, je t'embrasse mille fois.

Huguette

Réponse affirmative

Mais bien sûr, ma chérie, je serai avec joie marraine de ton bébé. Tâche de me donner une filleule, cela m'amuserait de lui faire des robes ; mais si tu as un fils je me ferai culottière et tout sera dit.
Tu sais combien je t'aime, et à quel point m'enchante ton bonheur avec Alex. Si je puis vous aider un peu en ce qui concerne votre progéniture, ce sera pour moi une grande joie.
Mille baisers.

Suzon

ou :

Bien sûr, ma chérie, j'accepte avec enthousiasme la douceur de reporter sur ton bébé cette chaude tendresse qui m'a toujours unie à toi. Nos projets d'enfance se réalisent. Tu te souviens, lorsque nous jouions à la poupée, en nous disputant le plaisir d'être la marraine de la fille de l'autre. La vie passe vite et il est bon de rajeunir en se mettant à la portée des petits.
Merci tellement de ton affectueuse pensée, je t'embrasse.

Guillemette

Refus

Ma chérie,
J'aurais été ravie d'être la marraine de ton futur

bébé et pourtant je me sens obligée de me refuser cette douceur. Tu connais ma mauvaise santé. Il me faut si souvent surmonter d'incompréhensibles fatigues que je ne me sens plus le courage d'accepter la moindre responsabilité surtout vis-à-vis d'un enfant.

Je vais sans doute te paraître égoïste, car j'aurais aimé être pour ton bébé une seconde maman, puisque le ciel m'a refusé le bonheur de l'être moi-même. Mais je suis trop lasse, trop déprimée.

Je t'embrasse, ma chérie, avec toute mon affection.

Marie-Paule

Réponse négative

Ma chérie,

Je suis infiniment touchée que tu aies pensé à moi comme marraine de ton futur bébé. Mais tu connais ma vie, mon indépendance, mon goût des voyages, les longs séjours que je fais loin de Paris, à la campagne ou à l'étranger.

J'ai donc un peu peur de ne pas être ce qu'il est convenu d'appeler une bonne marraine...

Evidemment, je serais capable d'envoyer à mon filleul de temps à autre un petit cadeau ou un œuf de Pâques, mais je n'ai pas besoin d'être marraine pour cela, tu le sais.

Je préférerais que tu choisisses quelqu'un de plus qualifié pour s'occuper vraiment de ton enfant si jamais la destinée en décidait ainsi.

Je prends très au sérieux ce genre de dignité et bien franchement je ne me sens pas la vocation.

Ne m'en veuille pas. Tu sais ma tendresse pour ton ménage. Je t'envoie, ma chérie, mes baisers les plus affectueux.

Sophie

A un ami pour lui demander d'être parrain

Cher René,

Je viens dès aujourd'hui te faire part d'un désir qui me tient fort à cœur. Veux-tu accepter d'être le parrain du bébé que nous attendons prochainement ? Notre affection réciproque me semblerait cimentée encore si tu voulais bien assumer cette charge morale ; la direction que tu as su donner à ta vie serait pour mon enfant un exemple salutaire et je ne doute pas que tu pourrais également le protéger et le conseiller.

Ne vois dans cette lettre qu'une preuve de mon amitié et crois, mon cher René, à mes sentiments les plus affectueux.

Jacques

Refus

Mon vieux Jean,

La raison hélas me fait refuser la joie d'être le parrain de ton enfant, mais ma carrière me crée une existence si lointaine et parfois si décousue que je n'ose pas assumer une charge qu'il me serait impossible de remplir telle que je la conçois. Crois bien que j'en suis désolé, mais sois sûr cependant que j'aimerai ton enfant un peu comme un fils et qu'il trouvera toujours en moi un appui et une solide amitié.

J'ai été profondément touché que tu aies pensé à moi et c'est avec un serrement de cœur que je renonce à te donner cette preuve de mon affection.

Veux-tu essayer de faire comprendre ceci à Jeannine et ne m'en veuillez pas.

Crois, mon cher Jean, à mon souvenir le meilleur et à mes vifs regrets.

Mathieu

Acceptation

Cher Jean,

Quelle bonne idée tu as eue ! Je n'ai jamais été parrain et je me sens tout guilleret à l'idée d'être un peu le père de ton enfant. Je serai très heureux de m'occuper de lui et d'être à l'occasion un appui et une aide dans sa vie.

Je suis flatté de ta confiance et je t'adresse, mon vieux Jean, ma profonde et sincère amitié.

Mathieu

INVITATION

On n'invite au baptême d'un enfant que les parents, le parrain et la marraine ou à l'occasion, quelques amis intimes du ménage.

Par carte de visite

L'invitation à un baptême se fera sur une carte de visite ordinaire : *Monsieur et Madame Pierre Dumontel recevront à l'occasion du baptême de leur fille Sophie le vendredi 20 mai de 6 à 8.*

On répond sur une carte de visite : *Monsieur et Madame André Lavaud seront heureux d'assister à la réception donnée à l'occasion du baptême de la jeune Sophie.*

Ou par une petite lettre :

Ma chère Simone,

Mon mari et moi nous nous serions fait une joie

d'assister au goûter donné en l'honneur du baptême de ta petite Sophie. Hélas ! nous sommes obligés d'être à Lille ce jour-là.

Mais nous penserons à toi avec tout notre cœur en regrettant de ne pouvoir te féliciter encore de vive voix.

Je viendrai te voir très bientôt, en attendant, je t'embrasse bien affectueusement. Jean te baise le bout des doigts ainsi que ceux de ta petite fille.

Par lettre

Mon cher oncle,

Nous avons décidé, Pierre et moi, de baptiser Thierry le 10 septembre. J'espère que vous serez rentré à Paris, car ce serait pour nous un vrai chagrin si vous ne pouviez assister à cette première cérémonie en l'honneur de notre bébé. Nous sommes si heureux et si fiers d'avoir enfin un petit garçon !

J'espère, mon cher oncle, que vous vous portez bien et que vous n'avez pas trop souffert de la chaleur estivale. Nous vous envoyons notre respectueuse et tendre affection.

Pierre et Juliette

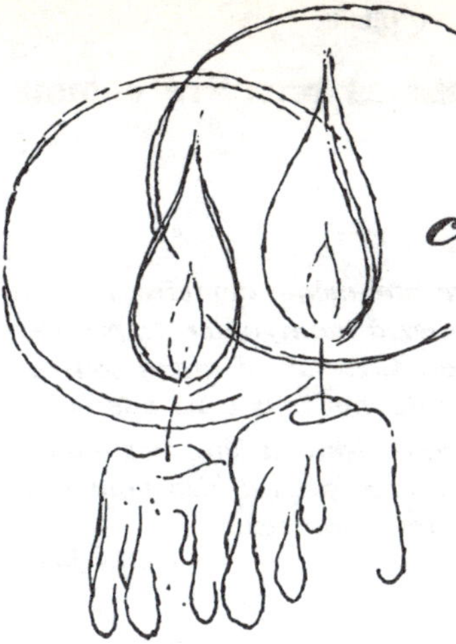

Première communion solennelle

INVITATION

On ne donne généralement pas de réception pour la première communion privée, sinon parfois un déjeuner de famille.

Pour sa première communion solennelle, l'enfant peut inviter lui (ou elle) -même, ses oncles, tantes, parrain, marraine et amis de la famille, au goûter de première communion, quand la réunion est intime.

Dans le cas contraire, les parents de l'enfant enverront une carte d'invitation ainsi libellée.

M^R^ ET MME X.

recevront pour la première communion de Brigitte

le jeudi 21 mai de 4 à 7 h *R.S.V.P.*

Invitation de l'enfant pour sa première communion

Cher oncle,

J'ai voulu vous dire moi-même combien je serais heureuse que vous veniez à mon goûter de première communion le 19 mai. C'est un si grand jour que j'aimerais avoir autour de moi tous ceux que j'aime.

Mon examen de catéchisme a été très bon et j'entre demain en retraite. Je prierai bien pour vous, et je vous embrasse de tout mon cœur.

Catherine

Acceptation

C'est avec plaisir, ma chérie, que je viendrai le 19 mai te voir en première communiante.

Je suis très touchée de ton affectueuse lettre et je t'embrasse bien tendrement.

Ton vieil oncle Jules

Envoi de cadeau sans assister à la première communion

Mon petit Jacques,

C'est avec beaucoup de regrets que je ne puis assister à ta première communion. Je penserai à toi ce jour-là avec tout mon cœur et m'associerai à tes prières.

Je t'envoie une pendulette de voyage, espérant qu'elle t'accompagnera souvent et très loin dans les beaux pays dont tu rêves. Je t'embrasse bien affectueusement.

Ton oncle Philippe

Lettre d'un parrain ou d'une marraine à sa filleule

Ma chérie,

C'est avec beaucoup de regrets que je ne serai pas à tes côtés en ce jour béni de ta première communion. Mais mon cœur sera tout près de toi.

Je suis heureux que mon cadeau t'ait plu, je l'ai choisi avec toute l'affection que je te porte.

Je t'embrasse, ma petite Marie-France, avec tout mon cœur.

REMERCIEMENTS

Remerciements pour un cadeau de première communion

Madame,

Le charmant cadeau que vous m'avez envoyé me fait le plus grand plaisir. Je vous en remercie de tout cœur en vous adressant mes sentiments les plus respectueux.

Madame,

Merci tellement pour ce merveilleux coupe-papier. Moi qui aime tant la lecture, vous ne pouviez me faire plus de plaisir et je penserai souvent à vous en employant ce morceau d'ivoire si bien sculpté.

En vous redisant toute ma gratitude, je vous envoie, Madame, l'expression de mes respectueux souvenirs.

Claude

Madame,

Je suis vraiment confuse que vous m'ayez autant gâtée. Ce... (le nom de l'objet) *est magnifique et je l'ai installé dans ma chambre à une place de choix. Je suis folle de joie car ce beau cadeau me suivra dans la vie et me rappellera toujours votre affection.*

Croyez, Madame, à mon souvenir respectueux et reconnaissant.

Etiennette

Lettre d'un petit garçon à son parrain

Mon cher parrain,

J'ai sauté de joie en recevant ta belle montre-bracelet. Je l'ai mise tout de suite et je ne l'enlève plus, même pour dormir. Papa m'a dit qu'elle se remontait toute seule.

C'est formidable. Je pense à toi chaque fois que je la regarde, c'est-à-dire tout le temps.

Merci un million de fois. Je t'embrasse de toutes mes forces.

Christian

Mariage

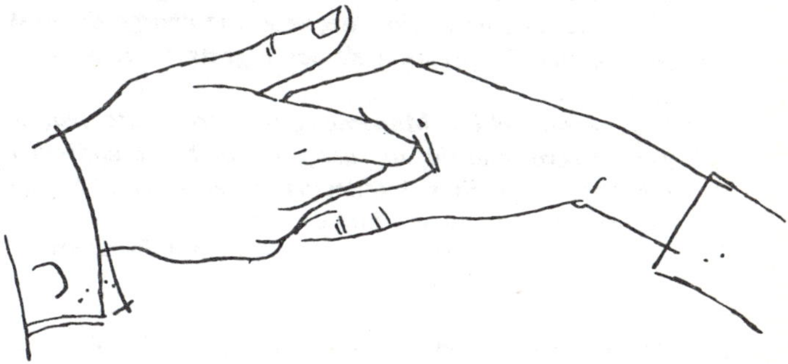

ENTREVUES

Après une entrevue qui a échoué

Chère Madame et amie,

La Providence a parfois des vues qui nous échappent... Le mariage qui nous paraissait possible entre votre nièce et mon neveu n'a pas abouti car ce dernier m'a avoué, en voyant mon insistance, qu'il avait déjà son idée en tête...

La jeunesse actuelle préfère s'occuper seule de sa destinée, elle a sans doute raison. N'y pensons plus et croyez-moi votre respectueusement dévoué,

Daniel Jean

Chère Madame,

Je suis vraiment navrée d'avoir à vous apprendre

que le projet de mariage que nous avions formé pour notre petite Jeanne n'a pas réussi. Le jeune homme, après l'avoir vue et trouvée charmante, nous a dit qu'il désirait pour femme une jeune fille plus gaie, moins acharnée dans ses études, et plus ouverte à la vie familiale et ménagère.

Ma belle-sœur est fort déçue et me charge de vous transmettre l'expression de ses regrets et de sa vive gratitude.

Espérons, chère Madame, que votre petite Jeanne rencontrera bientôt un garçon capable d'apprécier ses hautes qualités intellectuelles et croyez à mes sentiments bien sympathiques.

Dupont Brochard

Lettre d'une mère dont le fils a refusé une jeune fille qu'on lui a présentée

Chère amie,

Je suis navrée d'avoir à vous donner d'aussi mauvaises nouvelles, mais mon fils est un curieux garçon. J'ai l'impression que, s'il accepte, pour me faire plaisir, de rencontrer parfois des jeunes filles, auxquelles on a pensé pour lui, il se réserve intérieurement la joie de se choisir lui-même l'élue de son cœur.

Veuillez dire à la jeune fille qui vous intéressait mes regrets d'avoir pu lui donner un faux espoir ; mais le mariage est une chose trop grave pour que l'on puisse tenter quoi que ce soit dans ce sens sur des êtres qui vous sont chers.

Excusez-moi, chère Madame, de vous causer ce désappointement et croyez à mon souvenir le meilleur.

G. Pichon

DEMANDE DE RENSEIGNEMENTS

Chère amie,

Je m'excuse de devoir m'adresser à vous pour un sujet qui me tient à cœur. Il s'agit de la fille d'une de mes amies, Mme Fabre, qui vient de recevoir une demande en mariage d'un garçon que vous connaissez bien, je crois, le jeune Robert de la Pature. Il paraît brillant et distingué, mais sa situation pose quelques points d'interrogation. Pensez-vous qu'il ait de l'avenir ? D'autre part, si vous connaissez sa famille, pouvez-vous me donner quelques renseignements sur la manière dont il a été élevé, sur sa santé, son caractère, ses goûts et sa moralité ?

Inutile de vous dire que tout ceci restera parfaitement entre nous. Excusez-moi encore de vous poser de pareilles questions, je sais combien il est ennuyeux d'y répondre, mais il s'agit du bonheur d'une jeune fille que j'aime un peu comme mon enfant et que je voudrais ne pas voir s'engager à la légère.

Croyez, chère amie, à mon affectueuse reconnaissance.

Lucie

Réponse défavorable

Chère Madame,

La question que vous me posez dans votre lettre m'embarrasse fort, je vous l'avoue. Je ne voudrais pas vous donner une mauvaise opinion du jeune homme dont vous me parlez, mais je dois vous dire cependant que la réputation dont il jouit, dans notre bonne ville de Niort, n'est pas sans m'inquiéter quelque peu au sujet de la jeune fille pour laquelle vous éprouvez une si vive amitié.

Certes, le garçon est intelligent et bien doué, mais le côté brillant de son personnage cache une assez grande mollesse de caractère et un goût très vif pour les plaisirs. Il est également entouré d'une bande de jeunes gens qui ne passent pas pour être fort sérieux, et si, au point de vue matériel, la fortune de ses parents semble momentanément le mettre à l'abri du besoin, je doute que sa manière d'envisager la vie lui permette de devenir lui-même un de ces hommes stables sur lesquels une femme peut compter.

En résumé, il m'est difficile, d'après ce que je sais, d'encourager vraiment le projet qui vous intéresse.

Je vous serais très reconnaissante de garder tout ceci pour vous. Je vous donne ces renseignements sous le sceau de l'amitié, vous en ferez ce qu'il vous plaira.

Croyez, chère Madame, à mes sentiments les plus sympathiques.

Gabrielle Dupont

DEMANDES EN MARIAGES

Demande en mariage à une orpheline

Chère Liliane,

Depuis longtemps, j'admire la dignité de votre vie et le courage avec lequel vous supportez les épreuves qui vous ont accablée si jeune.

Vous avez dû sentir combien j'étais attiré vers vous depuis que j'ai eu la joie de vous être présenté. J'aimerais tant devenir pour vous plus qu'un ami... Oui, Liliane, je rêve de vivre à vos côtés. Vous connaissez déjà un peu mes défauts, mes qualités. J'ajouterai que ma situation pécuniaire me permet présentement d'ignorer la vôtre.

J'attends votre réponse avec une grande anxiété en vous adressant, chère Liliane, l'expression de mon dévouement absolu et de mes sentiments les plus fidèlement attachés.

Pierre

Réponse négative d'une veuve

Cher Pierre,

J'ai lu votre lettre avec émotion. Si j'avais été moins sensible aux attentions dont vous m'avez entourée, peut-être auriez-vous senti que je ne voulais pas refaire ma vie. Si ma décision de ne pas remplacer celui qui n'est plus pouvait être changée, vous m'auriez certainement fait désirer une existence moins conforme à mon existence actuelle. Mais j'ai besoin d'oublier en pensant aux autres. Il ne faut pas m'en vouloir car ma vie est organisée de telle sorte que je ne saurais plus en dégager les éléments nécessaires à la formation d'un nouveau foyer.

Je reste très touchée, mon cher ami, par la grande preuve d'attachement que vous venez de me donner.
Croyez à ma fidèle affection.

Marie-Paule

Réponse favorable d'une veuve.

Cher Jacques,
Votre lettre m'a profondément émue. Il y a longtemps que je sentais au travers de votre sollicitude à mon égard un peu plus que de la compassion. Mais je n'osais donner une forme à vos sentiments, ni vous montrer à quel point j'étais touchée et attendrie par vos attentions.
Du fond du cœur, je vous dis oui. J'ai mes petites habitudes, vous avez les vôtres, mais nous avons tous deux des caractères faciles et je suis sûre que nous nous arrangerons très bien. Vous savez, n'est-ce pas, qu'il ne peut être question pour moi d'oublier le passé ni l'être qui fut mon compagnon fidèle pendant tant d'années. Mais je sens qu'avec vous je puis repartir en toute sécurité vers une existence nouvelle et cela m'est très doux au cœur.
Je vous embrasse, cher Jacques, très affectueusement.

Juliette

Réponse favorable à un fils qui désire se marier

Mon cher enfant,
Ton père et moi n'avons jamais pensé qu'à ton bonheur dans la vie. L'exemple que nous t'avons donné d'un ménage uni et compréhensif en est la preuve.
Si nous t'avons demandé d'attendre, c'est que tu nous paraissais bien jeune pour engager aussi rapi-

dement ta vie entière. Mais si celle que tu as choisie doit te rendre heureux, nous sommes entièrement consentants à ton projet.

Espérons que la Providence t'ait bien inspiré. Nous t'embrassons, mon cher petit, avec toute notre tendresse.

Réponse défavorable

Mon cher Henri,

La façon cavalière dont tu nous annonces ta résolution de mariage nous a fait cruellement sentir, à ta mère et à moi, qu'en tout état de cause tu te passerais de notre consentement.

Je veux cependant que tu saches à quel point nous désapprouvons l'un et l'autre ton projet, après nous être renseignés, avoir longuement réfléchi et nous être consultés. Ton amour, je dirai plus, ton entêtement, semble résulter d'un coup de folie plus que du désir légitime de fonder un foyer stable.

Ne pouvant t'empêcher de faire une grave erreur, nous tenons à t'avertir que nous n'y participerons en aucune façon.

En espérant, mon cher Henri, que ton cœur et ta raison sauront encore te détourner de ce que nous considérons comme néfaste à ton avenir, nous prions Dieu de t'éclairer.

Ton vieux papa désolé

ANNONCE DES FIANCAILLES

Les fiançailles sont généralement annoncées avec plus de discrétion que les autres événements de la vie familiale. Sur leur carte de visite, les parents écrivent simplement à la main : *... sont heureux d'annoncer les fiançailles de leur fille Michèle avec Monsieur Grâterie.*

Si le nombre des relations est fort étendu, on fait faire un fac-simulé de manuscrit. Dans certains cas, on remplace la carte par l'annonce et l'on s'adresse directement aux journaux en faisant passer une insertion ainsi conçue : *M. Jean Bertrand et Mme, née Gondole, ont le plaisir d'annoncer les fiançailles de leur fille Gabrielle avec M. Jacques Dupont.* Ou : *On nous prie d'annoncer les fiançailles de Mlle Luce Bertrand, fille de M. Jean Bertrand et de Mme, née Peletier, avec M. Jacques Dupont, fils du capitaine Dupont, mort pour la France, et de Mme, née Cheviotte.*

Il est bon de prévenir par téléphone ou par un petit mot les membres proches de la famille ou les amis intimes. Ne pas oublier les vieilles tantes et cousins susceptibles !

D'une jeune fille à une amie

Chère Jacqueline,

Je suis folle de joie. J'ai accroché l'amour dans mon cœur. Je vais épouser le plus adorable des garçons ! Je ne veux pas te faire son panégyrique, car tu me traiterais de cinglée. C'est peut-être vrai, mais tant mieux, je suis merveilleusement heureuse.

Il a vingt-six ans, il est beau comme un Dieu et nous nous entendons à merveille. Il est interne dans un hôpital et passionné de son métier. Je pourrai d'ailleurs l'aider à préparer ses examens, ce qui m'enchante.

Je voulais que tu sois la première à être avertie de cette grande nouvelle.

J'espère que tout va bien pour toi. Je me réjouis de te revoir bientôt et de te raconter mes grands projets.

Je t'embrasse tendrement.

Ginette

Chérie,

Je veux que tu sois la première à savoir la grande et merveilleuse nouvelle : depuis hier soir je suis fiancée avec Jacques Delban. Tu te souviens de lui ? Je t'en ai souvent parlé, car il y a longtemps qu'il tournait autour de moi.

Il me plaisait pour mille raisons, surtout pour la similitude de nos goûts. En le connaissant mieux, j'ai découvert qu'il était à la fois sérieux et gai, attentif et prévenant et qu'il avait un caractère d'ange.

Je sais que tu approuveras mon choix et que tu t'en réjouiras.

J'avais besoin de crier tout de suite mon bonheur à une amie comme toi, ma chérie, qui le partagera, je le sais.

Je t'embrasse mille et mille fois en attendant la joie de te voir.

Jacqueline

D'une fiancée à une amie religieuse

Ma chère Jeanne,

Je tiens à t'annoncer moi-même mes fiançailles avec Etienne Dutour. Je suis sûre, étant donné ton cœur, que tu te réjouiras de cette nouvelle qui me rend si heureuse.

Etienne est un garçon qui te plairait pour ses qualités de fond et de forme. Il est religieux, simple, direct, intelligent, bien élevé. Il est sous-directeur dans une banque de Lyon. Je vais donc être obligée de quitter Paris, mais je me réjouis d'aller vivre auprès de lui, car il est, je le sens, le compagnon qu'il me fallait.

Nous nous marions le 8 avril. J'aimerais que, ce matin-là tu pries tout spécialement pour nous et que tu t'associes aux bénédictions que nous donnera le prêtre à midi, en l'église de la Madeleine.

Comme je regrette que tu ne sois pas auprès de moi ce jour-là pour partager mon émotion et ma joie, mais je sais que j'aurai ton cœur, toujours si fidèle !

Je t'envoie mon plus affectueux souvenir.

Irène

D'une jeune fille à sa tante

Ma chère tante,

Je tiens à vous apprendre moi-même l'heureuse nouvelle de mon prochain mariage. Je suis fiancée depuis hier et, dans quelques jours, nous annoncerons officiellement la nouvelle. Mais j'ai voulu que vous sachiez tout de suite mon bonheur.

J'ai connu Alain aux sports d'hiver, à une soirée où je ne voulais pas aller et où des amis m'ont entraînée. Nous nous sommes vus, nous nous sommes plu, nous nous sommes écrit. Il est revenu me voir. Et voilà, tout est décidé.

Je nage dans la joie ! Il a trente ans, un caractère d'or, il dirige avec un de ses frères une usine de produits chimiques. Il travaille beaucoup et nous ne pouvons pas nous voir assez souvent, mais heureusement tout changera dans deux mois, puisque c'est à ce moment que nous nous marierons.

Je serais si heureuse si vous acceptiez d'être témoin à mon mariage.

Nous ne savons pas encore très bien où nous nous installerons. En attendant, ma belle-mère nous prêtera une chambre et j'espère que la Providence, qui a déjà si bien fait les choses, finira par nous trouver la chaumière digne de notre cœur !

Je joins à cette lettre une petite photo de mon fiancé. J'espère, ma chère tante, que vous viendrez bientôt nous voir à Paris. Je serai si contente de vous présenter l'heureux élu (il a l'air de l'être) !

En attendant, je vous embrasse avec toute ma tendresse.

Michèle

Lettre d'une mère annonçant les fiançailles de sa fille

Ma chère Hélène,

J'ai la joie de vous annoncer les fiançailles de ma petite Yolande avec Jean des Brancards, fraîchement sorti, parmi les premiers, de l'Ecole des Sciences Politiques. Nous attendons qu'il ait trouvé une situation pour décider de la date du mariage.

Jean me paraît un garçon d'avenir. Ses professeurs l'apprécient grandement. Il est charmant physiquement, ce qui ne gâte rien. Sa famille a les mêmes idées que nous, tant au point de vue religieux, qu'éducation et genre de vie.

Yolande est aux anges, son bonheur fait plaisir à voir, et Jean paraît très amoureux.

Je sais combien votre vieille amitié se réjouira de cet événement, c'est pourquoi j'ai voulu vous prévenir tout de suite.

Je vous envoie, ma chère Hélène, mon plus affectueux souvenir.

Marcelle

FELICITATIONS POUR DES FIANCAILLES

A une amie qui vient de se fiancer

Comme je suis heureuse, ma Diane, d'apprendre ton bonheur ! A vrai dire, la dernière fois que je t'ai rencontrée, ton visage reflétait une telle joie, tes yeux étaient si brillants, ton rire si facile, que j'ai tout de suite flairé « l'élu » sous roche.

Je suis tout émue à la pensée que tu vas devenir une dame et je retiens ton premier bébé pour être sa marraine.

J'espère que ta vie de femme ne changera rien à notre intimité qui m'était si précieuse, et que l'amour de ton mari ne te fera pas oublier notre vieille tendresse.

Je sais que Philippe — puisque Philippe il y a — est un charmant garçon dont on dit le plus grand bien, ce qui m'enchante. Je te félicite donc du fond du cœur, me réjouissant de pouvoir lui dire bientôt, à lui aussi, ce que je pense de toi.

En attendant, ma chérie, je t'embrasse un million de fois avec ma plus profonde tendresse.

Huguette

A une amie intime

Ma chérie,

Rien ne pouvait me faire plus de plaisir que l'annonce de tes fiançailles. C'est une si grande joie pour moi que d'imaginer ton bonheur !

Je connais l'élu de ton cœur et j'applaudis à ton choix. Il est charmant à tous points de vue. Je voulais tout de suite te dire mes plus chaudes félicitations mais je passerai jeudi embrasser la femme heureuse que tu es. Tendrement à toi.

Lise

A une amie d'enfance

Ma petite Colette,

Que je suis heureux pour toi ! Tu as raison de croire à mon amitié et c'est de grand cœur que je m'associe à ta joie. Ton Luc a d'avance toute ma sympathie ; il te plaît, cela me suffit pour lui prêter toutes les qualités sur lesquelles reposent le bonheur et la vie même. Il me tarde maintenant de faire sa connaissance. Mais, le misérable t'emmène au Chili me dit-on ! C'est affolant ! J'espère au moins que tu ne te marieras pas avant que nous ayons eu le temps de rentrer à Paris ?

J'attends demain Paul avec sa femme et les enfants, je ne doute pas que tous joignent aux miennes leurs cordiales félicitations.

Dis toutes mes amitiés à tes frères et garde pour toi, ma petite Colette, mes plus affectueuses pensées et mes vœux très ardents pour ton bonheur.

Jean

A une relation plus éloignée

Chère Colette,

Comme je suis heureux de la bonne nouvelle que vous m'annoncez. J'ai entendu les plus grands éloges de celui que vous épousez. Bravo pour cet heureux choix, je vous souhaite tous les bonheurs et vous envoie, ma chère Colette, ma respectueuse affection.

Jacques

A un camarade

Cher ami,

Je suis profondément heureux de vos fiançailles. Je sais que vous avez choisi une jeune fille qui fera votre bonheur. Nous la connaissons, elle est exquise.

Toutes mes affectueuses félicitations.
Votre vieux camarade...

Pierre.

A la mère d'un fiancé

Chère Madame,

J'apprends l'heureuse nouvelle du mariage de votre fils et je veux vous dire sans tarder combien je suis heureuse qu'il épouse une jeune fille aussi charmante que Brigitte Bridot. Je la connais depuis son enfance et j'apprécie ses qualités physiques et morales. Voilà un joli couple en perspective.

Je vous envoie, chère Madame, mon plus sympathique souvenir et encore mes bien vives félicitations.

Pallu-Josse

A la mère d'un fils unique

Chère amie,

J'apprends par les journaux les fiançailles de votre fils avec Mademoiselle Jacqueline Guilmot et je veux, sans attendre, vous envoyer mes biens vives félicitations.

Je sais quel profond changement ce mariage va apporter dans votre vie. Mais, nous savons que l'on n'élève pas ses enfants pour soi, mais pour eux-mêmes.

Je suis sûre d'ailleurs que très vite le bonheur du vôtre apaisera le vide profond que son départ va laisser auprès de vous. Espérons aussi que la Providence vous donnera bientôt des petits-enfants. Ils représentent la plus sûre fontaine de Jouvence ; vous n'imaginez pas le merveilleux intérêt qu'ils apportent dans la vie !

Encore mes félicitations, chère amie, et mon très affectueux souvenir.

CORRESPONDANCE ENTRE FIANCES

Si un fiancé ne sait pas écrire à sa fiancée, c'est vraiment mauvais signe, non seulement sur le plan épistolaire, mais aussi au point de vue sentimental... On trouve toujours quelque chose à dire à l'être qu'on aime, ne serait-ce que raconter son amour, ce qui peut durer des années, au rythme d'une lettre ou deux par jour. (Voir Hugo à Juliette) !

Le jeune homme qui écrit à une jeune fille dont il a l'intention de faire sa femme devra lui parler de sa vie, de ses espoirs, de ce qu'il attend de l'existence à deux.

Le fiancé à la fiancée

Vous ne pouvez savoir, ma Josette, combien longues me paraissent les heures que je passe loin de vous. J'aspire au moment où nous nous retrouverons, je me sens alors un autre homme, la vie prend son vrai sens. Je suis heureux, complètement heureux. (le thème peut être indéfiniment développé...)

Mon amour,

Je mourais d'envie de te serrer sur mon cœur, de te dire combien tu es belle, la plus belle, la plus désirable des femmes, combien me trouver près de toi me comble à tous points de vue. (Etc. Là encore, l'intéressée sera toujours passionnée par votre prose, monsieur, même au bout de six pages sur le même sujet.)

Je suis prêt à tout pour te rendre heureuse. A demain, mon amour, je passerai te prendre à six heures, nous ferons un tour d'antiquaire et je t'emmènerai dîner dans un bistrot tranquille.

Je te couvre de baisers.

Gaston

Premier amour

Ma petite fée que j'aime,

Je vous écris sur la tour, il est neuf heures et demie. Je pense à vous sans cesse et plus je vois danser votre silhouette sous mon pommier en fleurs, plus j'ai envie de vous serrer contre moi. Il fait un temps merveilleux, la lumière est si belle que l'on ne voit pas le château de Basoche. Il fait frais et chaud, juste ce qu'il faut.

Ma fouine est dans vos plantations, excusez-la. Votre taupe est peut-être dans les miennes, mais, à chaque mot que je vous écris, je vous aime un peu plus.

Ma libellule, mes vingt-sept papillons, mes deux petits lapins et moi, nous vous attendons très vite.

Eric

Pour mon ami le plus cher

Depuis que je vous ai rencontré, depuis que je sais que vous existez, j'ai retrouvé la foi.

Dans mes rêves je vous imaginais, dans mes désirs je vous inventais. Maintenant je pense à vous. Tel que vous êtes, avec ces élans, ces reculs, ces mots gentils et puis ces silences, ces enthousiasmes que, seule, ma tendresse a le pouvoir d'apaiser.

Vous êtes accessible par votre faiblesse et inaccessible par cette peur que vous avez des réalités, qui détruisent les rêves...

Merci, vous me donnez peut-être sans le savoir le meilleur de vous-même. En voulant et en ne voulant pas, je pourrais croire que vous m'aimez !

Jeanne

RUPTURE DE FIANCAILLES

Les gens heureux n'ont pas d'histoire, dit-on. Les amoureux ne devraient pas en avoir non plus. Un homme épris, une femme qui aime ont des ailes au bout de leur plume. Nous ne vous donnerons donc qu'un conseil : Si vous sentez que votre amour ne « tourne pas rond » essayez toujours d'analyser les choses de vive voix. Les paroles s'envolent, les lettres se posent... parfois dans des coffres. Méfiez-vous du premier mouvement, surtout s'il est agressif. Tournez longuement la plume entre vos doigts et si vous écrivez, donnez-vous vingt-quatre heures de réflexion avant d'envoyer la lettre.

La fiancée qui rompt

Mon cher Jacques,

Lorsque vous m'avez quittée, hier soir, vous avez dû sentir combien j'étais nerveuse, angoissée. Je ne vois plus clair en moi, Jacques, je ne sais plus.

Je vais sans doute vous faire mal, très mal, mais le mariage est une chose si grave que je n'ose plus vous dire que je vous rendrai heureux. C'est affreux, j'ai cru vous aimer et maintenant, plus la date de notre mariage approche et moins je suis sûre de moi. Vous êtes gentil, adorable même, je ne peux rien vous reprocher, je suis un peu folle peut-être, je vous en demande pardon, mais je serais plus coupable encore si je devais vous donner une parole que je ne me sens plus le courage de tenir.

Peut-être, avec le temps, du repos, arriverai-je à retrouver mon équilibre et pourrai-je vous revoir. Maintenant, il faut me laisser en paix. J'ai un grand chagrin, Jacques, je vous aime beaucoup et la peine que je vous fais résonne douloureusement dans mon cœur.

Jacqueline

Lettre de rupture élégante (peut-être aime-t-il encore ?)

Mon amour,

A Gênes, où je me suis embarqué, je vous avais écrit une longue lettre qui, par un concours de circonstances inattendues, n'a pu aller jusqu'à vous.

Déjà après notre conversation téléphonique, je ressentais profondément le fait de n'être plus pour vous qu'une source de regrets et de chagrin. Maintenant, j'ai honte de moi-même : je ne vous apporte que déchirement sans espoir.

Répétez-vous que j'étais inhumain et dépêchez-vous de m'effacer de votre vie. Ne m'en veuillez pas trop si je vous dis cela. Je pense surtout à vous. Chacun des jours que je vivrai maintenant sera voilé par le chagrin de vous avoir perdue.

Antoine

La jeune fille abandonnée

Jean, vous ne méritez pas que je vous écrive ; il serait plus courageux, plus noble de ne pas répondre à votre horrible mot de rupture... mais, en amour, le respect humain n'existe pas.

Quand on a le cœur à vif, on ne songe guère à jouer les grandes coquettes ; pas moi en tout cas.

Que s'est-il passé ? Je ne puis croire encore que tout cela soit vrai, que vous soyez si différent de l'homme que j'ai aimé et que j'aime encore.

Jean, ma vie est finie, pensez-y, voulez-vous ? et ayez au moins le courage de venir vous expliquer devant moi. J'ai droit à ce geste d'amitié de votre part, ne serait-ce que pour sentir se réchauffer un peu le manteau de glace qui me serre les épaules depuis que vous m'avez abandonnée.

Odette

L'ANNONCE DU MARIAGE

Présentation du faire-part

Le faire-part de mariage est envoyé au monde et à la ville, à toutes les personnes avec qui l'on est, ou l'on a été, en relation. La forme la plus élégante que l'on puisse donner est celle de deux feuilles doubles, en papier blanc, d'un format voisin de 15 × 20, chacune étant rédigée au nom des ascendants directs des futurs époux, et portant gravé ou imprimé en caractères identiques :

> *Monsieur Pierre Bonnin, vice-président de la Cie X, officier de la Légion d'Honneur, Monsieur et Madame Jean Picard, ont l'honneur de vous faire part du mariage de Mademoiselle Nicole Picard, leur petite-fille et fille, avec Monsieur de Piérol, attaché à l'ambassade de France à Rome.*

Cette formule est suivie d'une invitation, conviant à la cérémonie religieuse, rédigée en ces termes : *et vous prient d'assister à la bénédiction nuptiale qui leur sera donnée le... à 11 heures, à Saint-Pierre de Chaillot.*

On ajoute le plus souvent maintenant : *Il n'y aura pas de défilé à l'église*. On ne saurait trop se réjouir de cet innovation qui supprime la corvée d'attente devant la sacristie. On pose généralement un livre d'or au fond de l'église où les assistants viennent signer.

L'adresse des parents de la jeune fille est mise en bas de la feuille. Parfois le faire-part est suivi de : *En raison d'un deuil récent, la bénédiction nuptiale leur sera donnée dans la plus stricte intimité en l'église Saint-Philippe du Roule*, ou : *Le mariage a été célébré dans la plus stricte intimité à Paris, le 10 mai, en l'église de l'Assomption.*

Sur la seconde feuille les parents du marié font part du mariage de leur fils dans les mêmes termes. Ils indiquent également leur adresse.

Les fiancés font part de leur mariage

Il arrive aussi, mais plus rarement, que ce soient les fiancés qui annoncent leur mariage. S'il s'agit d'une femme veuve ou divorcée ou d'un mariage entre un célibataire et une jeune fille légèrement montée en graine, on utilise une carte de correspondance imprimée sur laquelle on lira : *Mademoiselle Michèle DUGAND et Monsieur LEBEAU, conseiller à la Cour d'Appel, ont l'honneur de vous faire part de leur mariage qui a été célébré dans la plus stricte intimité à...* (adresse).

Insertion dans les journaux

A côté ou à la place de ces faire-part, envoyés individuellement, on peut faire passer une insertion dans les journaux environ huit jours à l'avance :

> *On nous prie d'annoncer le prochain mariage de Mlle Michèle Durand avec M... le mariage aura lieu le 12 janvier à 11 heures en l'église de...*

Ou encore :

> *Nous apprenons que le mariage de Mlle ... avec M. ... a été célébré dans la plus stricte intimité, le... à...*

Ou encore :

> *Samedi dernier, en l'église de ..., a été célébré le mariage de Mlle Jacqueline Lacour, fille de M. Pierre Lacour, agréé près le Tribunal de Commerce de la Seine, et de Mme, née Larue, avec le baron du Tilleul, conseiller à la Cour des Comptes, fils du capitaine du Tilleul, mort pour la France, et de Mme, née de l'Orme. Les témoins étaient pour le marié, sa tante, la marquise du Chêne, et M. Georges Bidon, ministre de l'Intérieur ; pour la mariée, le docteur Lacure, chef de clinique à l'hôpital Beaujon, et Mlle Jeanne Tournant, avocat à la Cour.*

Un ami annonce son mariage à un camarade

Viens me voir un de ces jours. Je veux te raconter mon bonheur. Je me marie, je te montrerai l'ange. Mon cœur débordant de joie chante un hymne d'allégresse.

J'ai besoin que tu te réjouisses avec moi. Dépêche-toi.

Je te serre les deux mains, je suis au septième ciel.

René

INVITATION A UN MARIAGE

L'invitation au lunch, imprimée ou gravée sur une carte, de format un peu plus grand que celui des cartes de visite, est glissée entre les deux feuilles.

Par raison d'économie on peut également n'employer qu'une seule feuille double sur laquelle sont écrites les mêmes formules aux deux rectos. On peut encore utiliser une carte plus petite, s'ouvrant comme un livre, à l'intérieur de laquelle les parents de la jeune fille et ceux du jeune homme annoncent, recto et verso, le mariage de leurs enfants.

Réponse à l'invitation d'un ami

Mon petit vieux,

En rentrant d'Espagne en Italie par le sud de la France, je trouve à la poste restante de Marseille le billet par lequel vous m'invitez à votre mariage.

Comme c'est gentil de penser à moi ! J'aurais été heureux de m'associer à votre joie et d'être présenté à celle qui va devenir Madame Xavier Bridabatu. Mais je dois encore faire une tournée en Italie et ne rentrerai à Paris que fin octobre. Je vous inviterai dès mon retour heureux lâcheur ! Il n'y a plus de notre joyeuse bande que Desmoulin et moi pour rester fidèles au célibat ! Comme moi, il cherche son salut dans la fuite. Je vais le trouver samedi à Rome et nous penserons tous deux à vous sous les pins parasols de la Ville éternelle.

Je vous quitte sur ce joli chromo épistolaire en vous redisant, mon vieux Jean, mon regret d'être si loin de Paris. Je vous envoie mes plus affectueux souvenirs, mes meilleurs vœux et mes hommages pour votre future épouse.

Philippe

Pour inviter personnellement à un mariage

Cher René,
Notre Colette se mariera le ... (la date) *et nous serions heureux de vous avoir près de nous pour cette cérémonie qui aura lieu dans l'intimité. Après la messe je réunirai chez moi quelques amis intimes, c'est dire que nous comptons sur vous.*
Croyez, cher René, à nos souvenirs affectueux.

Pour demander à une amie d'être demoiselle d'honneur

Ma chérie,
Accepterais-tu de quêter à mon mariage, le ... (ici la date). *Les robes des demoiselles d'honneur seront bleu clair ; j'ai choisi cette nuance afin que l'on puisse les utiliser facilement par la suite... Tu vois la femme pratique que je suis déjà devenue !*
J'espère que tu accepteras. Je te choisirai un joli garçon pour t'accompagner et j'espère que tu t'amuseras. J'ai déjà Colette, Suzanne, Michèle et j'espère Dany, Jacqueline et toi. Tu seras en agréable compagnie. Réponds-moi rapidement.
Je t'embrasse avec toute ma vieille affection.

ou :

Je serais trop triste, ma chérie, si tu n'étais pas auprès de moi le jour où mon bonheur sera béni. Veux-tu accepter d'être ma demoiselle d'honneur ? Tu sais le prix que j'attache à ta réponse, surtout ne refuse pas et réponds-moi vite...

Réponse pour accepter

Ma Sophie,
Tu ne peux croire combien je suis touchée que tu

m'aies choisie parmi toutes tes amies pour être une de tes demoiselles d'honneur. Tu penses si j'accepte ! Ce sera merveilleux d'assister à la consécration de ton bonheur avec Hervé. Je t'aime tant !

Je t'embrasse avec toute ma joie.

Nicole

Réponse pour refuser

Ma chérie,

Tu viens de me donner une bien grande preuve d'amitié en me choisissant comme demoiselle d'honneur à ton mariage. Tu sais combien j'aurais été heureuse d'être près de toi ce jour-là. Malheureusement j'ai dans trois semaines un examen qui m'affole littéralement, car si je ne le réussis pas, je me verrai obligée de recommencer encore une année d'études, ce qui coûtera bien cher à mes parents, étant donné les sacrifices qu'ils ont déjà faits pour moi.

Mais tu sais avec quel cœur je serai près de toi. Je te souhaite tout le bonheur possible et je t'embrasse avec ma profonde tendresse en te redisant encore combien je suis désolée de manquer cette fête dont je me faisais une joie.

Colette

FELICITATION A L'OCCASION D'UN MARIAGE

A une mère dont la fille se marie à l'étranger

Chère Odette,

Ne pleurez pas, vous êtes une mère privilégiée. Le bonheur des parents n'est-il pas dans la joie des enfants ? Votre fille épouse celui qu'elle aime et qui possède, vous pouvez le croire tout ce qu'il faut pour la rendre heureuse.

Ne pleurez pas et souriez à l'avenir. Je sais : il va vous priver un peu de votre enfant, puisqu'il l'emmène en Angleterre ; mais Albion n'est pas loin, en une heure d'avion vous pouvez la retrouver.

Qu'est-ce que ce sacrifice au regard de tout ce que ce gendre vous apporte de garanties morales et intellectuelles ?

Laissez-moi vous féliciter avec tout mon cœur, vous redire ma vieille amitié et encore tous mes vœux.

Sophie

A une mère pour le mariage d'un enfant

Chère Madame,

Mille félicitations pour la bonne nouvelle que vous m'annoncez. Il est toujours très doux et un peu émouvant de voir partir ses enfants. Mais quand on les sait heureux, on ne peut que se réjouir, et je ne doute pas que votre cœur soit satisfait du mariage de votre fils.

Croyez, chère Madame, à toute ma sympathie et à mon meilleur souvenir.

Christian

Félicitations d'une vieille amie à un garçon pour son mariage

Cher Etienne,

Quelle bonne idée vous avez de vous marier ! « L'homme n'est pas fait pour vivre seul » et je vous félicite bien sincèrement d'avoir mis à profit cette sage parole. Je ne doute pas de votre choix et je félicite celle qui a su découvrir en vous le compagnon rêvé, car je vous connais depuis trop longtemps pour ignorer combien vous pouvez rendre une jeune femme heureuse.

Je vous souhaite un vrai et profond bonheur et vous envoie mon souvenir bien amical.

Etiennette Duval

Félicitations d'un camarade à un ami pour son mariage

Cher Lucien,

C'est avec une grande joie que j'ai reçu ta lettre m'annonçant ton mariage avec Mademoiselle X. Le fait que tu l'aies jugée digne d'être ta femme et la mère de tes enfants suffit amplement à me remplir d'estime pour elle.

Le 25 septembre, je me ferai un plaisir d'aller te serrer la main et déposer mes hommages aux pieds de la jeune mariée.

Très cordialement à toi,

Etienne

Cartes de félicitations pour un mariage

Avec ses félicitations sincères et ses meilleurs vœux de bonheur.

Adresse à son ancien camarade de Saint-Cyr ses plus sincères compliments à l'occasion de son prochain mariage et l'expression de ses sentiments très amicaux.

Désolé de ne pouvoir assister au mariage de Monsieur X, le prie de bien vouloir trouver ici, avec ses respectueux hommages pour celle qui sera bientôt Madame X., l'expression de ses souhaits de bonheur les plus sincères.

Madame Lemaire adresse à Monsieur Jean Ducher ses plus sincères félicitations à l'occasion de son mariage (ou ses fiançailles) *avec Mademoiselle une telle et joint à ses vœux son souvenir le meilleur.*

A une relation d'affaires : (sur carte de visite).
M. et Mme X., avec leurs plus vives félicitations pour le mariage de leur fils avec M. X. (ou de Jean avec Mlle Y.).

Les dépêches aux mariés

Suis bien affectueusement de cœur avec vous. Jacqueline.

Que Dieu bénisse votre bonheur. Tendrement à vous. Lise.

Jacques, Jeannette, Paul et Jacqueline vous envoient leurs vœux les plus affectueux.

Tous nos vœux et prières pour votre bonheur. Pierre et Laurette.

Tendres vœux de bonheur pour les jeunes époux. Colette.

Félicitations et vœux de bonheur. Yves de Courty.

DEMANDES DE BENEDICTION NUPTIALE

A un prélat

Excellence,

C'est avec émotion que je viens vous demander de bénir le mariage de ma fille Colette. Vous avez su guider son âme lorsqu'elle était enfant, et votre influence a laissé dans son cœur une empreinte telle que toute sa vie restera marquée du sceau de la foi chrétienne. C'est à ce titre que je vous demande de l'assister à l'heure solennelle et grave du mariage.

J'ose espérer que vous voudrez bien consentir à ce désir qui me tient tant à cœur.

Veuillez, je vous prie, Monseigneur, agréer l'expression de mon plus profond respect et de ma reconnaissance anticipée.

A un prêtre ami

Ma fille Renée que vous connaissez depuis longtemps, puisque vous l'avez toujours conseillée et suivie dans sa vie de jeune fille, est fiancée avec Jean Soujac. Elle me prie de vous apprendre cette grande nouvelle et de vous demander de la bénir le jour de son mariage, le ... (ici la date). *Elle épouse un bon chrétien doublé d'un garçon charmant et brillant, qui lui offre de solides qualités pour un bonheur durable. Le jeune ménage serait si heureux d'être uni par vous devant Dieu.*

Veuillez recevoir, Monsieur l'Abbé, avec mes remerciements anticipés, l'expression de mes sentiments très respectueux.

REMARIAGES

Une mère ou un père peuvent également avoir à annoncer à une fille ou à un fils un remariage. Certes ce sont là des lettres difficiles à écrire ; nous vous donnons néanmoins quelques suggestions. L'important est que la véritable expression du cœur domine. Il est des mots qui ne s'inventent pas ; on les sent, on les trouve sous le coup d'une émotion.

Un père annonce à son fils qu'il va se séparer de sa femme

Mon cher enfant,

Il me faut t'annoncer une nouvelle qui va sûrement t'émouvoir. Ce n'est pas sans de longues et profondes méditations que j'ai résolu de me séparer de ta mère. Mais, depuis trop longtemps nos caractères se heurtent.

Cependant, je ne veux pas te prendre à témoin des griefs sur lesquels je pourrais appuyer une résolution sans appel. En tout cas, il nous est impossible de continuer à vivre ensemble.

Il faut que tu acceptes cette décision qu'il m'est bien pénible de te transmettre. Sans doute le comprendras-tu plus tard, lorsque la vie t'aura donné ses grandes leçons...

J'espère, mon cher enfant, que tu me garderas ton affection à laquelle je tiens tant.

Une mère annonce à sa fille qu'elle va se remarier

Ma chérie,

Après avoir mûrement réfléchi, j'ai pris le parti de refaire ma vie ; mais tu sais bien, n'est-ce pas, qu'en dépit de ce changement d'existence, tu ne seras aucunement sacrifiée.

Celui que j'épouse, Jean Martique, sera pour toi un soutien et un ami sûr si je viens à disparaître.

Je voudrais que tu réfléchisses sans chagrin à cette décision. Tu connais Jean depuis longtemps. Je sais que tu l'aimes bien. Tu l'aimerais un peu plus en sachant qu'il me rend heureuse et que tu seras toujours notre enfant chérie.

Il me tarde de te retrouver pour te parler en détail de cette grande décision.

En attendant, je t'embrasse, ma chérie, plus tendrement que jamais.

Un père annonce à sa fille qu'il va se remarier

Ma chérie,

Malgré toute la tendresse que je te porte et celle dont tu m'as entouré depuis la mort de ta maman, j'ai décidé de me remarier. Celle que j'épouse a des qualités de cœur et d'intelligence qui lui permettront d'être pour toi une compagne affectueuse et compréhensive.

Je t'aime profondément ma chérie ! Mais j'ai peur de me sentir bien seul le jour où tu quitteras mon foyer pour établir le tien.

Ne crois pas que cette décision prenne son point de départ dans un égoïsme dont tu m'accuseras peut-être, mais, plus tard, lorsque tu comprendras mieux la vie, tu admettras les raisons qui me font agir de la sorte.

Je serais navré si je te causais un grand chagrin, mais je pense que tu sauras accepter ma décision avec ta raison et avec ton cœur.

Je t'embrasse, ma chérie, du plus profond de mon âme.

Lettre d'une mère désirant se remarier à son fils

Mon chéri,

C'est avec une grande émotion que je viens t'annoncer la décision que j'ai prise de me remarier.

Je sais que ce projet mettra ton cœur en émoi. Il ne s'agit pas, tu le penses bien, de remplacer ton papa. Mais la solitude est trop dure à supporter et j'ai trouvé chez Jacques G. un ami en qui je puis avoir confiance et qui ne cherchera pas à effacer le souvenir de celui que j'ai aimé plus que moi-même.

Je ne voudrais pas que cette décision te soit trop pénible. Essaye d'imaginer le désert moral dans lequel je vis depuis la mort de ton père. La vieillesse ne ferait que l'accentuer plus tragiquement encore. On ne remplace jamais un être que l'on a aimé, mais on a parfois besoin d'une affection auprès de soi pour supporter la vie.

Je t'embrasse, mon cher enfant, avec tout mon cœur et ma tendresse infinie.

Pour annoncer un nouveau mariage à une amie

Ma petite Jacqueline,

Je ne veux pas attendre pour t'annoncer une résolution que je n'ai pu prendre sans une grande émotion. Tu sais combien j'aimais mon pauvre Jacques et quelle place il tiendra toujours dans ma vie. On dit souvent qu'on ne peut pas aimer deux fois. Je crois que cet axiome est faux et que l'on peut s'attacher à deux êtres d'une manière fort différente.

Jacques était pour moi le soleil, la joie, ma raison de vivre. Je me suis sentie si seule depuis qu'il m'a quittée, que l'existence de tous les jours était devenue un affreux fardeau. Mon vieil ami Etienne, que j'avais perdu de vue après son départ pour Madagascar, ayant appris mon malheur, m'a écrit avec tout son cœur. Il y a quelques mois il est venu à Paris. Nous avons passé ensemble de longues heures à parler de ma détresse et, peu à peu, j'ai senti que je pourrais trouver en lui un compagnon, un soutien dans l'existence. C'est pourquoi j'ai décidé de l'épouser dans la plus stricte intimité le 8 juin.

J'aimerais que tu sois près de moi ce jour-là. Je n'aurai que des intimes qui connaissent et comprennent ma résolution.

J'espère que toi aussi, qui aimais tant Jacques, tu admettras de me voir recommencer une nouvelle vie dont son souvenir ne sera pas exclu, je t'assure.

Je t'embrasse et t'envoie ma plus fidèle tendresse.

Madeleine

ANNIVERSAIRE DE MARIAGE

Félicitations pour des noces d'or

Mes biens chers amis,

Laissez-moi vous dire ma joie à l'idée de vous voir fêter cinquante ans d'une union si belle et si heureuse qu'elle nous sert d'exemple à tous.

Mes vœux, aussi respectueux qu'affectueux, volent vers vous deux, sur les lèvres de ces orchidées.

Luc

Mon cher Jean,

Je suis bien heureuse de pouvoir vous féliciter aujourd'hui de ces cinquante ans d'union et d'accord parfaits. Hélène et vous, êtes non seulement de merveilleux amis, mais aussi le modèle des époux.

Votre vie est pour tous vos amis l'exemple même d'union calme et heureuse. Permettez-moi de vous féliciter du fond du cœur et de vous embrasser tous deux avec une infinie tendresse.

Olga

LETTRES D'AMOUR CELEBRES

On écrivait longuement autrefois et bien des lettres de personnages célèbres sont un peu ennuyeuses à force d'être délayées. L'amour aime à se raconter, à se décrire et se complaît dans l'hyperbole... Aujourd'hui c'est le téléphone qui reçoit les plus jolies confidences. On écrit moins, on écrit brièvement. Cependant il nous a paru intéressant de citer quelques belles lettres d'amour et des billets pleins de passion.

Henri IV à Corizandre d'Andoins comtesse de Guiche

Mon âme,

Tenez-moi en notre bonne grâce et n'entrez jamais en doute de ma fidélité ; que je sache souvent de vos nouvelles. Adieu, mon cœur, votre esclave vous baise un million de fois les mains.

Fin d'un billet d'amour

Bonsoir, mon âme, je voudrais être un coin de votre foyer pour réchauffer votre potage. Je vous baise un million de fois.

Et une autre finale :

Je vous supplie de croire que je vous serai fidèle jusqu'au tombeau : sur cette vérité, ma chère maîtresse, je baise un million de fois vos blanches mains.

J'ai deux petits sangliers et deux faons de biche, mandez-moi si les voulez.

A la mort du comte de Guiche, le roi de Navarre, de plus en plus enflammé par sa maîtresse, résolut de l'épouser. Il demanda conseil à d'Aubigné qui lui répondit une si belle lettre que nous n'avons pas résisté au plaisir de la donner ici.

Sire,

Les princes que vous citez jouissent de leurs Etats et vous combattez pour avoir le vôtre. Le duc d'Alençon est mort : vous n'avez plus qu'un pas à faire pour monter sur le trône. Si vous devenez l'époux de votre maîtresse, vous vous enfermez pour jamais. Vous devez aux Français de grandes vertus et de belles actions : ce n'est qu'après avoir subjugué leur cœur et gagné leur estime que vous pourrez former un hymen qui aujourd'hui ne ferait que vous avilir à leurs yeux.

Henri IV à Gabrielle d'Estrées

Mes belles amours,

Deux heures après l'arrivée de ce porteur, vous verrez un cavalier qui vous aime fort, que l'on appelle Roy de France et de Navarre, titre certainement honorable, mais bien pénible. Celui de votre sujet est bien plus délicieux. Tous trois ensemble sont bons, à quelque sauce que l'on puisse les mettre. Je n'ai résolu de les céder à personne. J'ai vu par votre lettre la hâte qu'avez d'aller à Saint-Germain. Je suis fort aise qu'aimiez bien ma sœur : c'est un des plus assurés témoignages que vous me pouvez rendre de votre bonne grâce que je chéris plus que ma vie, encore que je m'aime bien. Bonjour, mon tout, je baise vos yeux un million de fois.

Henri IV à Henriette d'Entragues

Mon cher cœur,

J'ai une extrême joie de penser vous voir samedi. Résolvez-vous à me chérir à mon arrivée, et de me bien flatter car j'ai cinquante-quatre ans. Je me vais coucher qu'il est une heure et j'ai perdu mon argent. Bonsoir, le cœur à moi, je te baise un million de fois.

Napoléon à Joséphine

A la citoyenne Bonaparte, chez la citoyenne Beauharnais, rue Chantereine n° 6, à Paris.

Nice, 10 Germinal, an IV
(31 mars 1796)

Je n'ai pas passé un jour sans t'aimer. Je n'ai pas passé un jour sans te serrer dans mes bras ; je n'ai pas pris une tasse de thé sans maudire la gloire et l'ambition qui me tiennent éloigné de l'âme de ma vie. Au milieu des affaires, à la tête des troupes, en parcourant les camps, mon adorable Joséphine est seule dans mon cœur, occupe mon esprit, absorbe ma pensée. Si je m'éloigne de toi avec la vitesse du torrent du Rhône, c'est pour te revoir plus vite. Si, au milieu de la nuit, je me lève pour travailler, c'est que cela veut avancer de quelques jours l'arrivée de ma douce amie, et cependant, dans ta lettre du 23, du 26 Ventôse, tu me traites de vous. Vous toi-même ! Oh ! mauvaise, comment as-tu pu écrire cette lettre ? Quelle est froide ! Et puis, du 23 au 26, restent quatre jours, qu'as-tu fait, puisque tu n'as pas écrit à ton mari ?... Oh ! mon amie, le vous et ces quatre jours me font regretter mon antique indifférence. Malheur à qui en serait la cause ! Puisse-t-il, pour peine et pour supplice, éprouver ce que la conviction et l'évidence (qui servit ton amie) me feraient éprouver. L'enfer n'a pas de supplice ! Ni les Furies de serpents ! Vous ! Vous ! ah ! que sera-ce dans quinze jours ? Mon âme est triste ; mon cœur est esclave, et mon imagination m'effraie... Tu m'aimes moins, tu seras consolée ; un jour, tu ne m'ai-

meras plus ; dis-le-moi, je saurai au moins mériter le malheur !...

Adieu, femme, tourment, bonheur, espérance et âme de ma vie, que j'aime, que je crains, qui m'inspire des sentiments tendres qui m'appellent à la nature et des mouvements impétueux aussi volcaniques que le tonnerre ! Je ne te demande ni amour éternel, ni fidélité, mais seulement une vérité, une franchise sans bornes. Le jour où tu dirais : je t'aime moins, sera le dernier de mon amour ou le dernier de ma vie. Si mon cœur était assez vil pour aimer sans retour, je le hacherais avec mes dents. Joséphine, Joséphine ! Souviens-toi de ce que je t'ai dit quelquefois : la nature m'a fait l'âme forte et décidée. Elle t'a bâtie de dentelle et de gaze. As-tu cessé de m'aimer ? Pardon, âme de ma vie, mon âme est tendue sur de vastes combinaisons qui me rendent malheureux. Je suis ennuyé de ne pas t'appeler par ton nom. J'attends que tu me l'écrives.

Adieu ! ah ! si tu m'aimes moins, tu ne m'auras jamais aimé. Je serais alors bien à plaindre.

Bonaparte

Napoléon à Joséphine

Breslau, 13 Fructitor an IV
(10 août 1796)

J'arrive, mon adorée amie ; ma première pensée est de t'écrire. Ta santé et ton image ne sont pas sorties un instant de ma mémoire pendant toute la route. Je ne serai tranquille que lorsque j'aurai reçu des lettres de toi. J'en attends avec impatience. Il n'est pas possible que tu te peignes mon inquiétude. Je t'ai laissée triste, chagrine, et demi-malade. Si l'amour le plus profond et le plus tendre pouvait te rendre heureuse, tu devrais l'être... Je suis accablé d'affaires. Adieu, ma douce Joséphine, aime-moi, porte-toi bien, et pense souvent, souvent, à moi.

Le Général de La Fayette à sa femme

Ce samedi 8 mai 1775 : J'ai trouvé une occasion, mon cher cœur : c'est un homme qui va vous voir en poste. J'en suis jaloux et j'imagine que j'irais bien plus vite que lui, mais enfin peu vaut mieux que rien, et puisque j'en suis réduit à vous écrire, je me plais à penser que cette lettre arrivera plus tôt que par le courrier. J'en ai reçu deux de vous qui m'ont fait un plaisir inexprimable. Le sentiment qui y est peint, d'une manière charmante, me les rendent bien chères. Vous avez eu des révoltés ; nous sommes fort tranquilles. Cependant l'on prévoit que nous pourrions marcher vers Reims, pendant le sacre, s'il y avait des mouvements. C'est peut-être une nouvelle garnison. Vous me feriez plaisir, mon cher cœur, de me mander dans un grand détail tout ce qui se passe, ce qu'on prévoit, ce qu'on dit à la cour. Vous ne sauriez croire combien c'est agréable dans ce pays-ci. Les plaisirs ne sont pas vifs ; la bonne compagnie me paraît médiocre, excepté le chapitre, où je m'ennuie ; et je ne m'amuse qu'à ce qui ennuie beaucoup de gens. Je me couche de bonne heure, je me lève matin, je passe la moitié de la journée à cheval et je cours après toutes les troupes. Nous avons de tout pour nous instruire. Je voudrais bien trouver un secret, mon cher cœur : ce serait une manœuvre qui me transporterait dans votre chambre. Ma lettre part avec la confiance d'être bien reçue de vous, mais elle ne sentira pas quel plaisir c'est de vous voir et je n'en suis plus jaloux. Mille respects à Mme d'Ayen, mille compliments aux petites sœurs qui ont le bonheur de passer leur vie avec vous et Mlle Marin.

Juliette Drouet à Victor Hugo

Mon bien-aimé Victor, je suis encore toute émue de

notre soirée d'hier... Hier, 3 juillet 1834, à dix heures et demie du soir, dans l'auberge de l'Ecu-de-France, moi, Juliette, j'ai été la plus heureuse et la plus fière des femmes de ce monde ; je déclare encore que, jusque-là, je n'avais pas senti dans toute sa plénitude le bonheur de t'aimer et d'être aimée de toi. Cette lettre, qui a toute la forme d'un procès-verbal, est en effet un acte qui constate l'état de mon cœur. Cet acte, fait aujourd'hui, doit servir pour tout le reste de ma vie dans le monde ; le jour, l'heure et la minute où il me sera représenté, je m'engage à remettre ledit cœur dans le même état où il est aujourd'hui, c'est-à-dire rempli d'un seul amour qui est le tien et d'une seule pensée qui est la tienne. Fait à Paris, le 4 juillet 1834, à trois heures de l'après-midi. Juliette. Ont signé pour témoins les mille baisers dont j'ai couvert cette lettre.

Juliette Drouet à Victor Hugo

Te rappelles-tu nos départs, et comme on se serrait l'un contre l'autre sous la capote de la diligence ? La main dans la main, l'âme dans l'âme, on perdait le sentiment de tout ce qui n'était pas notre amour. Et quand on arrivait à l'étape, quand on visitait cathédrales et musées, on admirait toutes choses à travers l'émotion dont nos cœurs étaient inondés. Que de chefs-d'œuvre m'ont ainsi exaltée parce que tu les aimais et que ta bouche savait m'en éclaircir le mystère ! Que de marches j'ai montées jusqu'au sommet d'interminables tours, parce que tu les montais devant moi !...

Gambetta à Mme L. L.

Chère Mignonne adorée,

J'envoie tout mon cœur à ma ravissante compagne,

et je me promets bien de lui laisser toute la vie, n'ayant plus d'autre ambition que de le lui rendre le sourire aux lèvres et le bonheur dans les yeux. Je sens, et c'est mon plus doux triomphe, que l'œuvre est en bonne voie, et qu'à force de passion et de tendresse, j'aurai raison de la sotte destinée qui s'acharne sur la noble nature. Crois-moi, chère femme, je serai plus fort que cette destinée et nous assurerons notre félicité en dépit de tout. Je te quitte pour aller dîner avec Renan, tu lis bien, avec l'Ecclésiaste, tout à fait à l'improviste, mais je ne sais pourquoi il me semble que ton souvenir me sera encore plus présent en sa compagnie que de me retrouver tout seul rue Saint-Didier. A demain 2 heures chez toi, pour Ville-d'Avray. Je baise tes délicieuses petites mules dorées.

Le chevalier de Boufflers à la Comtesse de Sabran

14 avril 1781

Voici la première fois que j'ai peur de vous, chère enfant. C'est en tremblant que je vous écris après la lettre que vous avez reçue de moi. Il ne m'en reste pas un mot dans la mémoire, je me souviens seulement du trouble affreux où j'étais en vous écrivant, et je me connais pour craindre toutes les extravagances du monde. N'y voyez, chère fille, que la cause et non l'effet. Vous m'êtes nécessaire comme l'air que je respire, et je suffoque dès que vous me manquez...

Et pourquoi me défendez-vous de te tutoyer ? De peur, dis-tu, cher amour, que mes lettres ne ressemblent à d'autres. J'aime bien mieux ne jamais écrire d'autres lettres pour n'être point gêné dans celles que je t'écris. Ce vous me glace ; il me semble que rien de ce qui m'inspire ne s'accorde avec lui. C'est comme s'il fallait te faire toujours la révérence au lieu de t'embrasser. Retire ta défense, Chère

Sabran ; si tu me rends poli, tu me rendras faux et froid, et surtout gauche. L'amour est un enfant mal élevé.

Louis I de Bavière à Lola Montès

O ma Lolita ! un rayon de soleil des premiers jours ! un jet de lumière dans une nuit obscure ! l'espérance faisait résonner des cordes longtemps oubliées, et la vie redevenait une fois encore aussi brillante qu'autrefois. Tels étaient les sentiments que j'éprouvais durant cette nuit de bonheur où, grâce à toi, tout était joie. Ton esprit releva le mien de sa tristesse, jamais ivresse n'égala la mienne. Tu as perdu la gaieté ! la persécution t'en a dépouillée. Elle t'a privée de ta santé, le bonheur de ta vie est déjà troublé. Mais c'est de plus en plus solidement que tu t'es attachée à moi ; on ne pourra jamais me séparer de toi, tu as souffert parce que tu m'aimes.

Le comte d'Essex à la Reine Elizabeth

Ma très chère et excellente souveraine, à moins d'une grande action à accomplir, ne m'éloignez plus de vous. Les deux fenêtres de votre chambre sont les deux pôles de mon existence. Aussi longtemps que votre majesté daignera me garder auprès d'elle, je resterai immuable et inchangeable. Je ne veux pas disparaître comme une étoile qui file, mais comme une vapeur qui se fond aux rayons de l'astre dont elle n'est que l'émanation. Que Votre Majesté se laisse aimer par moi, et ma fortune sera incomparable. Vous pouvez prendre ma vie, mais si grande que vous soyez, il n'est pas en votre pouvoir de m'empêcher de vous aimer.

La plus belle lettre d'amour durant la guerre

Ces lettres furent écrites dans un camp de prisonniers à l'occasion d'un concours de « La plus belle lettre d'amour ».

Dans le camp il fait froid, il fait triste, il fait noir.
Baraques, barbelés, chemins neigeux, qu'importe :
Ton image rayonne en mon cœur et, le soir,
Dans la nuit qui descend, mon rêve, enfin, m'emporte.
Il s'envole vers toi qui m'as, sans le savoir,
Donné la volonté plus tenace et plus forte
De vivre, mon amour, afin de te revoir.
Il fait froid. Sur le sol couvert de neige dure
J'ai traîné tout le jour mon éternel ennui.
Pas de lettres de toi... Comme le temps me dure !
Dès le matin j'aspire au retour de la nuit...
Vois-tu, c'est la seule heure où je sois moins morose,
Car je sais qu'en voyant le crépuscule rose
Tu dis : « Un soir qui meurt me rapproche de lui. »
Non, mon amour, je ne suis pas trop malheureux puisque j'ai tes lettres où tu me dis que tu m'attends et qu'aussi longue que puisse être ma captivité, mon souvenir demeurera en toi, toujours ; j'ai dans mon cœur ton image si vivante, que je crois sentir ta tête se poser sur mon épaule chaque fois que je ferme les yeux et que ma rêverie s'envole vers toi ; et j'ai surtout ce cadeau si précieux que tu m'as fait sans le savoir : la volonté farouche de vivre et de tout surmonter pour te revoir.
Je t'aime, je t'aimais, je t'aimerai, je t'aime !
De loin comme de près, demain comme jadis.
Ton souvenir fidèle est la force suprême
Qui, de ce morne enfer, me fait un paradis.
Ton corps, ô mon amour, est l'unique poème
Que sans cesse, tout bas, je me chante à moi-même.

P. S. — Mets donc du chocolat dans ton prochain colis.

Dans la tristesse de ma vie de prisonnier, mon cher amour, il est une source de joie que rien ne saura tarir : la permanence de ta présence spirituelle qui, pas un instant, ne s'évade de ma pensée. Tu es le baume épandu sur mes angoisses, la clarté qui illumine mon âme, l'oasis où se réconfortent mes espoirs. Chacun de mes jours sera marqué par l'évocation de nos heures bénies, en attendant que nous puissions à nouveau mêler les hautes flammes de notre amour, qui n'auront jamais vacillé.

Décès

Une lettre de félicitations est aisée à écrire. Une lettre de condoléances, surtout si l'on a peu connu la personne qui vient de disparaître, offre maintes embûches. Il convient d'essayer avant tout de se mettre à la place de celui ou de celle qui souffre et de faire appel directement à son cœur. Si le sentiment qui vous lie à la personne à laquelle vous écrivez est suffisant pour que jaillissent spontanément des mots, même un peu gauches, mais partant visiblement d'un sentiment profond et vrai, laissez courir votre plume avec sincérité.

ANNONCE

Présentation du faire-part

La formule utilisée est le plus souvent imprimée ou gravée sur une feuille double de papier blanc encadré d'une bande noire d'un centimètre environ. Lorsque le mort à reçu l'Extrême-Onction, on ajoute *muni des sacrements de l'Eglise*. Dans le cas contraire on se contente de la mention *De profundis* ou *Laudate, pueri, Dominum*, lorsqu'il s'agit d'un enfant catholique. Les protestants mettent un verset de la Bible.

Pour tous renseignements complémentaires, les maisons de deuil présentent un choix parfait de modèles à la famille du cher disparu.

Lettre pour annoncer la mort d'une épouse

Ma pauvre petite Simone est morte ce matin bien doucement et j'en remercie Dieu, mais sa disparition me laisse anéanti. Je n'arrive pas à m'imaginer que cet être délicieux, vivant et rayonnant a disparu pour toujours.

Elle a gardé sa connaissance jusqu'au bout, elle était sereine, comme toujours, et acceptait ses souffrances avec un merveilleux renoncement et cet étonnant courage dont elle a fait preuve toute sa vie.

Je sais combien vous l'aimiez, c'est pour cela que j'ai tenu à vous avertir tout de suite de sa disparition. Priez avec moi et pensez à elle.

Etienne

CONDOLEANCES

Il est des cœurs qui ne peuvent supporter aucune consolation, même de leurs plus chers amis. Il faut, dans ce cas, comprendre et admettre le silence d'un être blessé à mort, quelle que soit la gratitude qu'il puisse avoir pour les démonstrations d'affection qu'on lui a données.

Formules de condoléances

Pour envoyer des condoléances, si l'on n'écrit pas une véritable lettre, on se contente d'une formule de ce genre : *René Dulac prie Madame Dupuis de bien vouloir agréer, avec ses sentiments respectueux, ses vives et très sincères condoléances*, ou, plus simplement : ... *désolé d'apprendre la mort de son cher professeur, prend une bien grande part à la douleur de Madame Legrand et la prie d'accepter ses respectueuses condoléances*. Ou : *Monsieur et Madame X vous prient de recevoir leurs bien sincères condoléances et l'expression de leur douloureuse sympathie.*

Condoléances aux supérieurs

Monsieur,

Permettez-moi de vous dire ma respectueuse sympathie dans votre affliction. Je sais combien ce deuil vous atteint et je tiens à ce que vous sachiez toute la part que je prends à votre douleur.

Je n'oublierai pas celui que vous pleurez et vous envoie, Monsieur, l'expression de ma profonde tristesse.

Pierre Laurent

Monsieur,

Je veux m'associer à tous ceux qui prennent part à

la douleur que vous éprouvez. Veuillez recevoir mes condoléances sincères et profondes et croire, Monsieur, à mes sentiments les plus respectueux.

Gérard Dubreuil

Monsieur,

La douloureuse épreuve qui vous frappe m'émeut très profondément et je veux vous dire la part sincère que je prends à votre chagrin, en vous adressant l'expression de mes condoléances émues et respectueuses.

Anne-Marie Dumont

Monsieur,

Permettez-moi de vous dire combien je prends part à la terrible perte que vous venez d'éprouver en la personne de Madame votre mère.

Veuillez accepter mes condoléances sincères et profondes et croire à mes sentiments de profond respect.

Jeanne Dabit

A une amie

Chère amie,

J'apprends seulement aujourd'hui, en sortant d'une longue dépression nerveuse, la terrible nouvelle. C'est trop affreux, trop stupide et tous les mots sonnent creux devant la douleur qui vous poignarde. Il paraît que le temps guérit les plaies, je ne m'en suis pas encore aperçue. C'est sans doute pourquoi aujourd'hui, je me sens si près de vous.

Gabrielle

A une amie intime

Ma chérie,

Je pense tout le temps à toi et j'ai tant de peine à te

sentir désemparée, sentir combien tu as mal. Comment t'aider ? On a soi-même si mal à sentir la souffrance des êtres qu'on aime du profond de son cœur, à sentir sa propre impuissance à les aider, je suis sûre que tu comprends ce que je veux dire. Je ne puis te consoler, j'aimerais être invisible pour pouvoir être autour de toi, ma chérie, afin que tu sentes ma chaleur et ma tendresse, s'il y a une consolation pour le destin cruel. Ma chérie, dis-toi combien tu es nécessaire à tous ceux qui t'aiment, combien nous avons tous besoin de toi, de ton rayonnement, de ta délicatesse, de cette extraordinaire générosité de cœur. C'est peut-être un petit réconfort de se savoir aussi indispensable, comme tu l'es, toi, à tant d'êtres, sans parler de moi. Je te serre fort, fort, sur mon cœur, ma chérie, je suis tout près de toi et que Dieu te bénisse et te protège.

Toujours ta

Lise

Chère Madame,

Votre douloureuse épreuve m'émeut très profondément et je veux vous dire la part sincère que je prends à votre chagrin, en vous adressant l'expression de mes sentiments les plus respectueux et de mes condoléances émues.

Francis Dumont

Condoléances à une amie qui a tué son mari dans un accident d'automobile alors qu'elle était au volant

Chère amie,

Le malheur qui vous frappe d'une manière si brutale me bouleverse profondément. Sachant quelle joie vous vous faisiez d'entreprendre ce voyage en compagnie de votre mari, je puis imaginer votre désespoir, vous, dont la maîtrise au volant est si absolue et si incontestée. Il faut vraiment que la main du destin se soit acharnée sur vous... Les desseins de Dieu sont impénétrables, et c'est auprès de Lui seul que vous trouverez un apaisement à la douleur qui vous terrasse.

Mon cœur pleure auprès du vôtre en vous redisant mon immense compassion.

Juliette

A un ami dans le même cas

Cher ami,

J'apprends à l'instant l'affreux malheur qui vous frappe. La destinée a parfois de ces raffinements de cruauté qui vous laissent pantelant. Elle a voulu que vous fussiez l'instrument même de votre supplice... Vous n'êtes pas responsable, vous le savez. Le seul vrai drame est la mort de celle que vous aimiez. Je prie pour vous, mon cher ami, du fond de mon cœur, demandant à Dieu de vous aider à supporter cette terrible épreuve.

Si la personne n'a pas de religion, on peut changer ce paragraphe par :

Je suis près de vous, cher ami, du fond de l'âme espérant que vous trouverez la force de surmonter votre douleur. Votre petite Odile, si fine et si charmante, sera sans doute un baume apaisant sur votre plaie béante ; l'innocence des enfants est si miraculeuse.

Je pense à vous, cher ami, et j'irai un jour prochain parler avec vous de celle qui laisse un si tendre et si cher souvenir en mon cœur.

Bien tristement votre,

Louise

Condoléances d'un vieil ami à une jeune veuve

Chère Madame,

Le coup terrible qui vous frappe atteint aussi ma vieille amitié. J'étais loin de penser que votre cher mari disparaîtrait avant moi. Son âge, sa force, sa vaillance et son éclatante intelligence, me semblaient un brevet de longue existence. Les vues de Dieu sont impénétrables.

Je ne pourrai, hélas ! assister aux obsèques de ce très cher ami et lui rendre cet affectueux et suprême devoir, mon état de santé et mes soixante-douze ans m'interdisent toute sortie. Mes regrets et mes prières s'uniront aux vôtres, croyez-le bien.

Hervé Dupuis

Télégrammes de condoléances

Prenons Luce et moi une vive part à votre grand chagrin. — Affectueusement et tristement — Jean.

Atterrés par affreuse nouvelle — sommes de tout cœur avec vous.

Suis tout près de vous dans votre atroce malheur — Affectueusement et tristement — Jacques.

Unis à vous dans terrible perte vous prie d'accepter ses douloureux hommages — Pierre.

Cartes de visite de condoléances

En principe, on n'envoie pas de condoléances sur une carte de visite, sauf un employé vis-à-vis de son patron ou de la femme de celui-ci.

Dans ce cas, on écrira : *M. X. avec ses hommages respectueux et ses sincères condoléances.*
ou :

M. et Mme X. prennent une part très vive à la douleur de Monsieur W., et le prient d'agréer pour lui et sa famille l'expression de leurs sentiments respectueux.

A une relation éloignée

S'il s'agit d'une relation plus ou moins éloignée, vous pouvez envoyer vos *bien sincères condoléances* ou *condoléances émues*, en priant Monsieur ou Madame X. de *vouloir bien vous compter parmi ses sincères amis dans la cruelle épreuve qu'il* (ou elle) *traverse* — ou en souhaitant que *vous aimeriez être compté au nombre de ceux dont on peut mettre à l'épreuve le sincère attachement* — ou que *vous aimeriez qu'elle sente près d'elle votre chaude affection* — ou encore *qu'elle puisse trouver dans votre pensée un peu de réconfort.*

REMERCIEMENTS AUX LETTRES DE CONDOLEANCES

Aux personnes venues aux obsèques

A toutes les personnes ayant assisté aux obsèques, il est classique de répondre par une carte imprimée conçue approximativement dans ces termes : *Monsieur et Madame X. ; très touchés de la sympathie que vous avez bien voulu leur témoigner au cours de la douloureuse épreuve qu'ils viennent de traverser, vous prient de trouver ici tous leurs remerciements* ou *l'expression de leurs remerciements émus.*

Aux amis proches

Aux amis proches, on répond en général par un mot personnel de remerciement. Par exemple : *Merci de votre lettre, cher ami, elle m'a fait tant de bien. Elle me prouve que j'ai encore de fidèles amitiés autour de moi. J'y suis infiniment sensible.* Ou encore : *La douleur dans laquelle je suis plongée ne saurait m'empêcher de vous dire à quel point votre affection m'a été douce. Merci de tout cœur.* Ou : *Merci de ta lettre, ma chérie, j'ai senti une fois de plus la qualité de ton affection et celle de ton cœur. Je sais combien tu aimais celui que j'ai perdu. Merci. Je t'embrasse.*

Remerciements pour des condoléances après la mort d'un mari

Combien votre lettre me touche, ma chère Hélène ! Je l'attendais d'ailleurs, car votre souvenir reste mêlé aux années fraîches et enthousiastes de ma vie de jeune épouse et de jeune mère. Ces années, je les ai revécues intensément devant le corps de cet auto-

mobiliste au crâne fracturé dont la voiture s'est écrasée contre un camion. Le visage de René était resté serein, détendu, pacifié. Le coup mortel l'avait atteint en plein front, puis rejeté en arrière. Pas de souffrance, pas d'angoisse, pas d'agonie. Il était prêt à la mort depuis qu'il avait vu tomber tant de ses camarades en 39-40.

Nous nous étions joyeusement quittés la veille. Nous avions fait des projets de voyage et d'aménagement. Il était vivant, actif, solide ; nous nous aimions avec ferveur et, ensemble, nous aimions tout ce qu'on peut aimer ici-bas.

Je pleure et je m'arrête, ma chère Hélène, en vous embrassant. Merci.

A UNE AMIE INTIME

Ma Suzanne chérie,

Je ne peux pas te dire à quel point ton coup de téléphone m'a émue. J'ai parfois des moments de grand découragement. Il est arrivé pendant un de ceux-là.

Merci de tout, mon cœur. Tu m'as remonté le moral car, en plus de l'aide très efficace que tu m'apportes, il est merveilleux de penser que nous avons une amie aussi compréhensive que toi.

Je crois maintenant que nous pourrons aller, ne serait-ce que quelques jours, sur la côte, ce qui fera le plus grand bien à René et à moi aussi.

Je t'embrasse tendrement.

Marcelle

Lettre à un prêtre pour dire des messes

Monsieur le Curé,

Vous avez été d'un si grand secours moral au moment de la mort de celui qui laisse encore tant de vide dans notre cœur, qu'il me serait doux que ce soit vous qui disiez quelques messes pour lui.

J'aimerais m'unir à ces prières et si vous pouvez me réserver (les dates) *je vous en serai bien reconnaissante.*

Veuillez, Monsieur le Curé, trouver ci-joint le montant de la somme dont je vous suis redevable et croire à l'expression de mon respectueux attachement.

DIVERS

Remerciements pour l'envoi d'une image mortuaire

Chère Madame,

Quelle émotion de revoir brusquement devant moi le visage de Dominique !... Je ne pouvais croire en regardant cette image que ce regard extraordinaire s'est éteint... Mais c'est aussi une grande douceur de penser à lui avec cette expression si vivante, de sentir son âme continuer à rayonner dans ces pensées écrites par lui. Merci du fond du cœur, chère Madame, pour l'envoi de ce précieux souvenir qui prend sa place parmi mes plus chers et daignez, je vous prie, croire à mes sentiments de bien respectueux attachement.

Pierre

Au sujet de la mort d'un animal bien-aimé

Il y a des gens sans enfants, — ou même avec, — qui vouent à leur chien, à leur chat, voire à leur perroquet, une affection passionnée. Lorsque ces animaux chéris viennent à disparaître convient-il d'envoyer un mot de condoléances ? Nous pensons qu'il n'y a aucun ridicule, au contraire, à tenter de consoler la maîtresse éplorée. De toute façon, même si l'on est contre ce genre de démonstration et que l'on écrive à une amie éprouvée dans sa tendresse canine ou féline, il est gentil de glisser à la fin de la missive une pensée délicate se rapportant à la mort de l'animal. Dans ce cas on peut évoquer *la fidélité désintéressée du chien, la tendresse hautaine du chat, l'intelligence du perroquet, la vivacité du singe* et le rôle charmant qu'ils jouent dans la vie humaine.

Nous ne parlerons ici ni des boas, ni des caméléons, ni des lions, ni des léopards familiers, la possession de ces animaux étant d'un usage moins courant.

Vœux et souhaits

NOUVELLE ANNEE

Chaque année, l'approche de l'An neuf transforme le courrier en un véritable torrent de vœux. Certains ont beau dire, clamer, affirmer : « Je n'enverrai pas de souhaits cette année, inutile de m'en faire », le déluge continue. Le malheur veut que la politesse vous oblige à répondre… Je connais un couple ministériel qui a reçu l'an dernier 3 000 cartes de vœux… (peut-être sans arrière-pensée !) Quoi qu'il en soit, ils ont dû mobiliser une secrétaire pour ouvrir et répondre à cette manne intempestive leur souhaitant santé, bonheur, richesse, honneurs. Ledit ministre ou sa femme, ont jeté de temps à autre un œil distrait sur la liste préparée par la préposée au courrier-souhaits et tout fut dit. Cela vaut-il, dans ce cas, la peine d'envoyer des vœux ?

Mais comment arrêter ce flot ? Je me suis demandé si un joli faire-part inséré dans trois ou quatre feuilles publiques ne serait pas une bonne idée... On remercie bien des condoléances pourquoi ne remercierait-on pas des vœux ? Je vois assez bien une annonce dans ce genre : « M. et Mme un tel désirant prendre de paisibles vacances de Noël et de Jour de l'An

remercient à l'avance leurs amis et connaissances de leurs souhaits de bonne année et leur adresse en bloc et en détail un bouquet de vœux aussi variés qu'excellents pour l'année 19...
On pourrait varier la formule à l'infini, faire border l'annonce d'un filet de couleur, l'orner d'un dessin, voire d'un épigramme. Tout est possible dans cet ordre d'idées. A peine quelques heures consacrées à la cogitation et à la mise en page et le tour serait joué.

Cependant, il est des cas où les vœux sont presque de rigueur : pour les personnes âgées et les amis étrangers. Il est bien évident que pour ceux ou celles qui ne sont pas habités du démon épistolaire, la carte de vœux est encore le meilleur moyen de se rappeler à leur bon souvenir et de leur dire qu'ils ont toujours une place de choix dans un coin de votre cœur.

Cartes spéciales

Il est classique aujourd'hui d'envoyer ses souhaits sur de charmantes cartes dessinées, peintes ou ornées de différentes manières. On emploie souvent aussi la carte de visite, plus économique. Certaines personnes, suffisamment fortunées, font exécuter des cartes personnelles avec leur photographie et celle de leurs enfants, de leur maison de campagne, de leur jardin, etc. Chiens et chats sont également chargés, à l'occasion de distribuer les vœux de leur maître ou de leur maîtresse.

Formules de vœux

Voici différentes formules :

Que 19... vous comble de tous les vœux que je forme pour vous.

Que 19... se transforme en corne d'abondance et déverse sur vous mille joies de toutes sortes.

Recevez cette gerbe de vœux dont chaque fleur représente un bonheur... du plus petit au plus grand.

Lettres de vœux aux parents âgés

Pour les parents âgés, il sera bon d'écrire une vraie lettre, car les générations ascendantes sont toujours plus conformistes. Dans ce cas, vous écrirez :

Je souhaite, ma chère tante, que 19... vous conserve toujours aussi jeune et gaie que par le passé. Vous savez le prix que j'attache à votre santé et à votre bonheur. Trouvez ici mon affection la plus tendre et mes souhaits pour vous et pour tous ceux qui vous sont chers.

Vœux à un directeur

Monsieur,

Je m'en voudrais de commencer l'année sans vous redire mon attachement et ma reconnaissance pour toutes les bontés que vous avez eues pour moi. Je tâcherai de rester digne de l'estime que vous voulez bien me témoigner et je vous souhaite un peu du bonheur que vous répandez autour de vous.

Veuillez croire, Monsieur, à mes sentiments respectueux et dévoués.

Monsieur,

Je me permets, en cette fin d'année, de vous envoyer l'assurance de mon attachement et de vous dire les vœux que je forme pour votre bonheur et pour celui de votre famille.

Veuillez croire, Monsieur, à ma reconnaissance et à mon attachement fidèle.

A un directeur plus intime :

Permettez-moi, cher Monsieur, de vous dire, au début de cette année nouvelle, tous les souhaits et les vœux que je forme pour vous et tous les vôtres. Ce serait une joie pour moi de vous savoir aussi heureux que vous le méritez.

Veuillez me croire, cher Monsieur, votre très fidèlement attaché.

Jean Ducharne

Cher Monsieur,

On dit que les vœux du Jour de l'An seront bientôt passés de mode. Je n'en crois rien mais je vous affirme que si pareille chose arrivait, je formerais encore, le 1er janvier de chaque année, une infinité de souhaits pour vous et les vôtres. Cette date me sera toujours une occasion de vous redire la fidélité de ma reconnaissance.

Réponse

Vous ne pouvez croire, cher ami, combien j'ai été touché de vos vœux. Veuillez trouver ici les miens les plus sincères et l'expression de ma fidèle affection ou *de mes sentiments bien cordiaux* ou *de ma plus sincère estime.*

Vœux à une amie

Chère Madame,

Laissez-moi vous dire combien vos souhaits m'ont été au cœur. Que cette année vous soit douce à tous points de vue et acceptez, chère Madame, les respectueux hommages d'un cœur fidèlement attaché.

Chère Madame,

Vous devez être accablée sous le poids des vœux et

des souhaits. Je m'en voudrais cependant de ne pas y ajouter les miens et quelques fleurs, modeste témoignage de l'admiration que j'ai pour vous.

Veuillez me croire, chère Madame, votre fidèle et tout dévoué.

D'un petit garçon ou petite fille à son père

Cher papa,

Tu es loin et je pleurerais un peu si je n'avais peur de t'attrister un 1er janvier. Je sais bien que tu penseras à nous et à maman qui nous a beaucoup gâtés (ici l'énumération des cadeaux).

Mon cadeau préféré a été un stylo ; je l'attendais avec impatience dans l'espoir que mon écriture qui désole mon professeur, en serait améliorée. Je souhaite que tu t'aperçoives de mes progrès, car je fais vraiment des efforts pour que tu sois content.

Je t'embrasse, mon cher papa, de tout mon cœur en te disant tous mes vœux.

Ton petit Fernand

D'une nièce à son oncle

Mon cher oncle,

C'est dommage que vous ne soyez pas à Paris le 1er janvier pour notre réunion de famille qui se passera cette année à la maison. Grand-père est trop fatigué pour nous recevoir, mais il a promis de faire une apparition pour nous embrasser tous.

Que vous souhaiter, mon cher oncle, à part la santé, bien entendu ? Gardez surtout cette jeunesse de caractère qui nous enchante tous. Nous penserons bien à vous, mon cher oncle, et nous vous regretterons beaucoup.

Toute la famille vous embrasse bien affectueusement et moi tout particulièrement.

Yvonne

Réponse d'un oncle

Merci, mon cher Paul, de tes bons vœux qui me vont au cœur. Sans ta charmante lettre j'aurais passé mélancoliquement ce jour de fête. Où sont les réunions de famille d'autrefois, si gaies, si vivantes. Je deviens un vieux barbon et la solitude me porte à songer aux mécomptes et aux tristesses de la vie.

Sois heureux, mon petit Paul, profite de ta jeunesse, elle passe vite !

Je suis content que mon envoi t'ait fait plaisir, ton affectueuse gratitude m'a infiniment touché.

Je t'embrasse du fond de ma vieille maison en espérant que tu viendras bientôt y passer quelques jours auprès de moi.

Ton vieil oncle Jean

Vœux d'une employée

Monsieur,

Ayant profité des courtes vacances du 1er janvier, je ne pourrai pas me joindre à mes collègues qui vous présenteront leurs vœux. Mais je vous les offre bien sincèrement en vous remerciant de tout ce que vous avez fait pour moi.

Veuillez recevoir, Monsieur, l'expression de ma respectueuse déférence et tous mes souhaits de santé et de prospérité.

Gabrielle Sutons

Vœux d'une obligée

Chère Madame,

Ce sont des vœux bien sincères que je vous adresse. Vous avez été si bonne pour moi dans des circonstances où je désespérais de la vie que je n'oublierai jamais l'aide que vous m'avez apportée.

Je vous adresse, chère Madame, avec ma reconnaissance, mes souhaits de santé et de bonheur et mon souvenir respectueux.

Joséphine

Vœux d'une personne de situation modeste aux directrices d'une institution

Mesdemoiselles,

Vous avez été si bonnes de me procurer cette situation que je veux d'abord vous remercier de votre protection, avant de vous adresser mes vœux de nouvelle année. Que Dieu vous récompense de tout le bien que vous faites autour de vous et à tous ceux que vous employez.

Je souhaite que votre santé vous permette de continuer longtemps votre belle mission.

Veuillez, Mesdemoiselles, recevoir mon souvenir respectueux et bien reconnaissant.

Jeanine

FETES ET ANNIVERSAIRES

Rien ne touche plus une amie ou un ami que de lui souhaiter une fête ou un anniversaire. Le seul drame est que généralement on ne se souvient ni des dates de naissance, ni de celle des saints à fêter. Le plus sûr moyen de conserver la mémoire au frais consiste à noter sur son agenda, d'une année sur l'autre, les dates d'anniversaires ou de fêtes que l'on tient à souhaiter. On peut ainsi distribuer facilement de petites joies, ou même de grandes, autour de soi. Pourquoi dans ce cas, ne pas accompagner les vœux d'un présent : fleurs, parfum, écharpe, petit souvenir que l'on sait devoir plaire à l'amie !

Pour une fête, différentes formules

On joindra à l'envoi un petit mot tel que :

> *Vive sainte Geneviève ! Non seulement elle a sauvé Paris, mais celle qui porte son nom répand autour d'elle mille grâces dont il est doux de la remercier aujourd'hui.*

ou :

> *Sainte Madeleine essuya de sa longue chevelure les pieds du Seigneur. Laissez-moi déposer aux vôtres ces quelques roses* (ou ce parfum) *qui vous diront* (ou dira) *mon affection.*

> *Vive sainte Jacqueline ! Tu es la plus charmante des amies, c'est une occasion de te le dire en t'envoyant ce modeste souvenir.*

> *Suzanne chérie, je vois que l'on fête aujourd'hui ta sainte. Je la charge de t'apporter, avec ce « Crêpe de Chine », ma fidèle tendresse.*

Souhaits de fête à une mère

Maman chérie,

Maintenant que la vie nous a dispersés les uns et les autres, il m'est doux de songer aux jours heureux où ta fête était une réunion de famille, gaie et charmante, autour de toi. Mon cœur l'évoque souvent avec émotion. Mais ce qui me manque le plus, ce sont ces délicieux moments d'intimité avec toi seule. Tu as toujours si bien su m'éclairer sur la vie et me donner le sens du devoir ! Je t'en suis profondément reconnaissant. Je voudrais que tu passes sans chagrin ce jour de fête et ces quelques fleurs t'apporteront avec ma pensée fidèle, tous les souhaits que je forme pour toi.

Je t'embrasse, maman chérie, avec toute ma tendresse et du fond du cœur.

Ton petit Jean

A une grand-mère

Ma chère grand-mère,

Je suis heureuse de vous envoyer mes souhaits de fête, de vous dire mon affection. J'espère que sainte Hélène vous protégera de toutes manières et vous laissera jouir longtemps encore de cette belle santé qui fait l'admiration de tous.

Que vous dirai-je de ma vie qui reste assez calme entre la famille et le travail ? Nous avons quelquefois des réunions d'amis chez les unes ou les autres, c'est à peu près notre seule distraction.

Je vous embrasse, ma chère grand-mère, avec ma respectueuse tendresse.

Philippine

Bonne fête, ma chère grand-mère, je vous embrasse bien tendrement et de tout cœur, j'espère vous voir très bientôt.

Sophie

Fête d'une amie

Bonne fête, ma chère Simone ! Sachez que mon affection vous reste bien fidèle malgré les séparations de l'existence. Mais j'aime revivre en pensée les moments heureux de notre jeunesse insouciante. Ils sont toujours vivants dans mon cœur et c'est en y pensant que je vous embrasse avec ma vieille affection.

Suzanne

D'un ami à un ami pour sa fête

Cher ami,

Crois-tu que les avions à réaction aient démodé les souhaits de fête ? Non, n'est-ce pas ? C'est au contraire, me semble-t-il, l'occasion de réunir les pensées de ceux qui s'aiment.

Que ton saint Pierre te bénisse du bout de sa clef, et ne se presse pas de t'ouvrir toute grande l'entrée du paradis. C'est la grâce que je te souhaite, accompagnée d'un tas d'autres plus terre à terre et de ma fidèle affection.

Fête d'une marraine

Chère marraine,

Votre nom est si joli que je ne saurais l'oublier. Je prie donc votre sainte patronne de répandre sur vous toutes ses grâces, de vous donner beaucoup de joie et de vous conserver ceux qui vous sont chers et qui vous entourent.

Voici quelques branches de mimosa pour éclairer votre salon et des œillets pour le parfumer. Je voudrais aussi vous envoyer notre merveilleux soleil, sa chaleur et sa lumière.

Je me réjouis à la pensée de vous revoir bientôt.

En attendant, ma chère marraine, je vous embrasse bien tendrement.

Jeannine

Une tante à sa nièce pour son anniversaire

Dix-huit ans, ma chérie ! quel âge ravissant ! J'aimerais te souhaiter de n'en jamais changer... Mais tu as toute la vie devant toi, et tous les espoirs te sont permis. Que les années futures te sourient ma chérie, et t'ouvrent les bras, comme je le fais aujourd'hui en te serrant sur mon cœur.

A une amie dans la quarantaine

Joyeux anniversaire ! heureuse mortelle, que les années se refusent à marquer de leur « irréparable outrage » !

Puissions-nous fêter longtemps ce gentil Bélier qui domine le signe de ta naissance ! C'est mon meilleur souhait, auquel je joins ce bouquet de « mère de famille » histoire de t'inspirer ! Je t'embrasse.

Brigitte

Lorsque l'on envoie des fleurs ou un cadeau, on peut, à volonté, y joindre une carte de visite, sans un mot, ou écrire une petite phrase aimable : *« Monsieur X., avec ses respectueux hommages. »* Ou : *« Ces quelques roses pour vous dire le plaisir avec lequel je viendrai dîner ce soir chez vous. »* Ou encore : *« Ces fleurs vous diront ma pensée et mes vœux de prompt rétablissement. »*

Remerciements

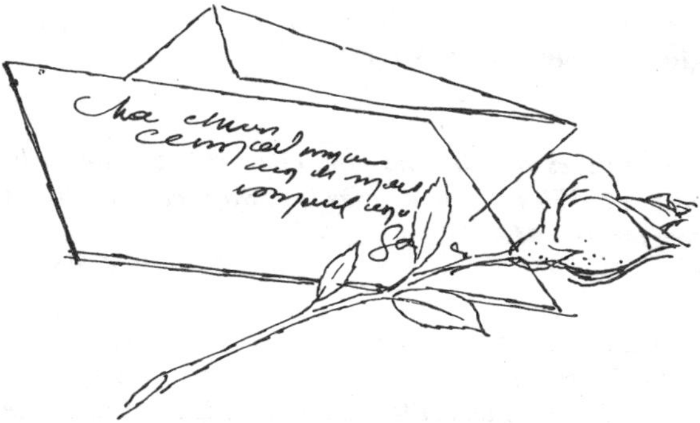

S'il faut savoir donner et souhaiter, il faut aussi savoir recevoir et remercier. Sans embarras, simplement et chaleureusement ; un mot, un geste, une lettre récompenseront le généreux donateur et, qui sait, l'inciteront à recommencer une prochaine fois.

PLUSIEURS FAÇONS DE DIRE MERCI

Lettre pour remercier d'un cadeau

Chère Madame,

Quel joli choix vous avez fait en pensant à moi et combien il m'est agréable de posséder ce ravissant objet (le préciser). *Je désirais depuis longtemps ce...* (l'objet). *Je n'aurais jamais espéré être autant gâtée.*

Encore une fois merci, chère Madame, et recevez

l'expression de mes sentiments reconnaissants et les plus respectueux.

Suzanne

Remerciements pour des fleurs

Vos tulipes ont fait ma joie, cher ami. Quelle belle flambée ! Elles brûlent près de moi et me disent votre amitié. Merci.

Gaby

Quelle surprise et quelle joie vous m'avez faites ! Je n'arrivais pas à ouvrir le paquet tant j'étais impatiente ! Quelle merveille que ces tulipes piquées de mimosas.

Ce n'est pas souvent que l'ont pense à moi. Ces fleurs sont une fête dans ma chambre. Vous ai-je assez dit combien j'étais heureuse grâce à vous ?

Je voulais vous remercier très vite et aussi vous embrasser.

Paulette

Cher ami,

Ce furent, dit-on, les senteurs apportées par la brise terrestre qui annoncèrent à Christophe Colomb la découverte d'un nouveau monde. A moi aussi, vos roses embaumées m'ont fait redécouvrir toutes les grâces de l'amitié. C'est le plus merveilleux des Eden. Je ne redoute plus qu'une chose maintenant : la mort de ces pétales où se concentrent tant de rêves et d'enchantement.

Merci encore, cher ami, et bien affectueusement à vous.

Gisèle

Quelle charmante idée, ma chérie, que cette gerbe de fleurs des champs ! Tu as installé le printemps dans ma chambre. Tu es un ange. Je t'embrasse.

Lily

Que ces roses sont belles, cher Philippe. Elles me tendent leurs joues comme un pensionnat de petites filles, fraîches et tendres. J'ai envie de les embrasser toutes.

Merci mille fois. Je vous embrasse aussi.

Lucie.

J'adore les fous, surtout lorsqu'ils ne sont pas dangereux ! Cette moisson de lilas a envahi toute ma maison, prenant d'assaut les vases, les potiches et jusqu'aux brocs à orangeade. Quelle orgie de pétales odorants ! J'en ai la tête un peu tournée... vers vous naturellement.

Je vous envoie mon affection si touchée.

Lucile

Pour un livre

Chère Madame et amie,

J'ai eu aujourd'hui, grâce à vous, un bien beau dimanche. C'est avec une grande joie que je me suis perdue dans votre merveilleux livre illustré. Vous m'avez fait un immense plaisir.

J'espère bien avoir d'ici peu la joie de vous revoir et de vous exprimer ma gratitude. Et je vous prie de trouver ici, ma pensée la plus amicalement respectueuse.

Pour des sucreries

Vos chocolats, cher ami, sont aussi succulents à mon palais que périlleux pour mon foie. Mais vous savez mon goût pour le danger... C'est vous dire le plaisir que vous m'avez fait.

Ma vieille affection vole vers vous sur les ailes de la reconnaissance.

Lydie

Cher ami,

Vos dattes sont aussi douces à ma gourmandise que votre amitié l'est à mon cœur. Mille fois merci. Tous mes vœux volent vers vous, mon affection aussi.

Charlotte

Pour un envoi de gibier

Vive Nemrod et l'habile chasseur qui vint jeter à mes pieds, en ce jour d'ouverture, ses premières victimes. Le geste me ravit, la perspective gastronomique m'enchante.

Merci, mon cher Jean ; votre gentillesse sera récompensée, je le souhaite, par une hécatombe de plumes et de poils tout au long de la saison de chasse.

Mille amitiés.

Gilberte

Réponse d'une personne sur le retour à des souhaits de fête

Ma petite Huguette,

Plus on vieillit et plus l'affection de ceux que l'on aime est précieuse. C'est te dire la joie que tes vœux m'ont apportée. Ils m'ont tenu compagnie en ce jour passé solitairement avec tant de souvenirs autour de moi.

Merci, merci, de ta tendresse. Que Dieu te bénisse pour le bonheur que tu me donnes. Tendres baisers à tous.

Remerciements de souhaits de fête

Chère amie,

Votre carte m'a beaucoup touchée. Comme c'est

gentil de penser à la sainte dont je porte le nom !

Je viens de passer à Megève, auprès de mes enfants, des jours merveilleux. Ils ont des mines de pêches de plein vent. Quelle joie de pouvoir profiter d'un repos semblable en compagnie des siens !

J'espère profiter bientôt de votre invitation, si vous êtes encore à la campagne à mon retour, mais c'est vous qui devriez venir faire un petit séjour ici.

Mille souvenirs bien affectueux à partager entre vous tous.

Yvonne

D'une jeune fille pour un cadeau d'anniversaire

Cher oncle,

Je viens de recevoir le ravissant poudrier que tu m'as envoyé. C'est tout de même formidable d'avoir dix-huit ans, ne serait-ce que pour être comblée de la sorte ! Je n'aurais jamais cru qu'un monsieur aussi important que toi sût aussi bien choisir un cadeau pour une jeune fille.

En revanche, moi, je ne sais comment te remercier, te dire tout le plaisir que me fait ce merveilleux présent, si élégant et si pratique à la fois, pour rehausser mes... charmes, comme on dit.

Merci encore, mon cher oncle, merci, merci, merci. Je t'embrasse bien joyeusement et bien affectueusement.

Sylvie

D'un jeune homme à sa grand-mère

Ma chère grand-mère,

Ton briquet est vraiment atomique. Tu sais combien j'en désirais un et celui-là comble tous mes souhaits. Sois bénie entre toutes les grand-mères.

Je fais graver ton nom dessous et la date.

Il y a longtemps que je t'aime, jamais je ne t'oublierai...

Je t'embrasse de toutes mes forces.

Ton petit-fils,
Jacques

Remerciements d'un jeune ménage

Ma chère tante,

En rentrant de week-end avec Thierry, j'ai trouvé l'élégant carton qui contenait votre jatte en cristal.

Nous sommes confus et ravis. Mais il faut absolument que nous puissions vous remercier de vive voix et surtout que nous vous fassions admirer votre cadeau rempli d'une mousse au chocolat que vous dégusterez avec nous.

J'espère que vous voudrez bien accepter de venir dîner samedi prochain. Ne dites pas non, car nous en serions désolés.

A bientôt, chère tante, et veuillez recevoir l'expression de toute notre gratitude et de notre respectueuse affection.

Un homme agé pour le cadeau d'une jeune amie

Ma chère Lucie,

Je pensais bien avoir, depuis longtemps, franchi cette ligne de démarcation qui sépare l'âge de la vie où on reçoit des cadeaux sans en donner, et celui où on en donne sans plus en recevoir. Cette merveilleuse édition des « Jeunes filles en fleur » m'a fait un bien vif plaisir. Elle constituera pour moi un nouveau et précieux témoignage de votre fidèle et vigilante amitié. Je vous baise les mains.

Pierre

Remerciements après un cocktail de charité

Madame,

Je me joins à Madame X. pour vous remercier de l'aide si précieuse que vous avez apportée pour le cocktail des prématurés sans couveuses qui a remporté, grâce à vous, un immense succès.

Nous avons l'intention de vous demander très prochainement d'assister à la réunion où nous annoncerons le résultat inespéré que nous avons obtenu.

Nous serons ravis, si vous le désirez, de vous faire visiter un de nos services, afin que vous vous rendiez compte du bien que notre Œuvre peut faire grâce à des concours comme le vôtre.

Recevez, Madame, l'expression de toute notre reconnaissance.

J. T.
Présidente fondatrice.

Remerciement pour un déjeuner

Chère Madame,

Me promenant un jour par les rues de Smyrne, j'ai entendu un Turc dicter à un écrivain public, la phrase suivante : « Vénéré Effendi, si je ne vous ai pas rendu plus tôt l'argent que je vous devais, c'est pour avoir plus longtemps l'honneur de vous le devoir ». Pour moi, je vous dis de même aujourd'hui : si je n'ai pas voulu vous remercier plus tôt du déjeuner auquel vous avez bien voulu nous convier, c'est pour vous prouver que nous y pensons encore.

Ne trouvez-vous pas qu'il y a quelque chose de trop brutalement « Occidental » à remercier trop vite ? C'est un peu comme si l'on s'autorisait à oublier plus rapidement.

J'espère que ces lilas vous annonceront un beau printemps.

Henry

Remerciements après un article vous concernant

Chère amie,

Combien je vous remercie de m'avoir envoyé votre article si vivant, si poétique. J'ai senti en le lisant le rouge de la confusion me monter aux joues, tandis que je savourais la crème de vos flatteries. Néanmoins, j'ai la faiblesse de me reconnaître dans votre portrait et je voulais vous en dire toute ma gratitude.

Croyez à ma fidèle amitié.

Philippe

QUELQUES REMERCIEMENTS DE PERSONNAGES CELEBRES

Madame de Sévigné à du Plessis

Ah plût à Dieu que j'eusse des plumes taillées de votre main... Et qu'avec cette plume si bien taillée, que je n'ai point, je puisse, mon cher Monsieur, vous remercier dignement de la plus jolie étrenne du monde que vous m'avez envoyée. En vous remerciant donc, Monsieur, plus de mille fois, je serais bien heureuse si dans cette longue vie que vous me souhaitez, je pouvais vous rendre quelques services à ma fantaisie.

Beethoven à J. A. Stoumpff

Très cher ami,

Quel immense plaisir m'a causé l'envoi des œuvres de Haendel dont vous m'avez fait présent. C'est pour moi, un cadeau royal. Ma plume se sent incapable de le décrire... Quoi que je puisse faire pour vous servir, je le ferai volontiers pour vous...

Marcel Proust à Walter Berry

Je trouve avec épouvante, un lot de lettres qui n'ont pas été mises à la poste, par erreur, pendant ces jours où j'ai été si malade. Et je vois que celle où je vous disais ma reconnaissance et ma confusion des belles, des merveilleuses grappes sculptées dans le jade, n'est pas partie, non plus que celle de Polignac qui m'a envoyé aussi de prodigieux muscats. Que devez-vous tous deux penser de moi...

Je ne sais comment vous remercier. Mais, je vous en supplie, ne récidivez jamais. Je n'accepte jamais aucun cadeau. J'ai fait exception pour la grappe de lumière...

Je vous remercie encore de tout mon cœur suspendu au miracle espagnol et fruitier noblement dessiné comme dans un vitrail de Pinaigrier, allégorique du Pressoir Divin.

Recommandations

Une lettre de recommandation doit toujours être brève et accompagnée d'une fiche sur laquelle vous inscrivez les noms, prénoms, adresse, formation ou états de service du candidat.

A un directeur qui cherche un employé

Monsieur,

Permettez-moi de vous recommander M. Latour que je connais depuis longtemps et qui pourrait sûrement se charger avec succès de l'emploi pour lequel vous souhaitez quelqu'un de confiance.

Jean Latour est sérieux, intelligent et dévoué. Il vous montrera d'ailleurs des références nombreuses et tout à son honneur.

Je m'excuse de venir vous importuner, mais je pense que vous n'auriez pas à regretter votre choix, si vous vous décidiez à prendre ce garçon.

Je vous prie d'agréer, Monsieur, l'assurance de ma considération la plus distinguée.

Cher Monsieur,

Je sais que vous cherchez un homme de confiance pour diriger votre service de vente. Permettez-moi de vous recommander vivement Paul Girod. Je le connais de longue date et je suis convaincu qu'il est l'homme qu'il vous faut. Convoquez-le, parlez avec lui. Il vous montrera ses références. J'espère vous rendre service autant qu'à lui en vous l'envoyant.

Veuillez croire, cher Monsieur, à mon souvenir le meilleur.

Gilbert Laristourne

A un professeur

Faut-il recommander un candidat à un examinateur ? Nous nous sommes souvent posé la question. Certes, on court le risque d'indisposer le professeur. Un bon élève ne se recommande pas en général, mais dans certains cas, la timidité peut cependant jouer un grand rôle dans l'échec d'un candidat. Certains garçons malchanceux, ni bons ni mauvais élèves, mais scrupuleux et travailleurs se présentent à un examen dans une atmosphère de drame du fait de leur perte de moyens momentanée, due à une excessive nervosité, ou bien par la panique d'un échec si leur situation de famille ne leur permet pas de continuer plus longtemps leurs études.

Dans ce cas, il faut prendre son courage à deux mains et sa plume dans la droite pour envoyer un mot à l'examinateur.

Monsieur le Professeur,

Je m'en voudrais d'influencer votre jugement sur les mérites de Gaston X. qui se présentera devant vous au concours de l'Internat. Ce garçon, intelligent et sérieux, qui a le sens du diagnostic et la passion de la médecine, est malheureusement affligé d'une telle timidité que, lorsqu'il passe un examen important, son angoisse le rend parfois complètement bègue.

Gaston que je connais depuis son enfance a de brillantes qualités dont il fait preuve au cours de con-

versations directes, mais qui lui manquent totalement devant un examinateur.

Je me permets donc d'attirer votre attention sur le cas de ce jeune homme et de vous prier, Monsieur le Professeur, non point d'user d'indulgence à son égard, mais, si vous le voulez bien, d'essayer de le mettre en confiance.

Veuillez croire, Monsieur à mes sentiments respectueux et déférents.

Pour recommander une jeune personne à un juré

Cher ami,

A l'audition du Conservatoire qui se fera le 15 juin, je voudrais vous signaler la présence d'une jeune élève, Jeannine H., qui me paraît digne d'attention, car elle est, — chose rare à notre époque, — à la fois passionnée et consciencieuse pour tout ce qui concerne son métier.

Connaissant ses parents et sa situation de famille, je serais particulièrement heureuse si elle pouvait triompher des difficultés du concours et entrer dans le théâtre par la grande porte, au lieu d'être soumise, comme tant d'autres, aux fourches caudines de certains directeurs.

Veuillez m'excuser de vous importuner, cher ami, et croire à mon fidèle souvenir.

Jeanne Lacloche

Pour demander une recommandation à un ami

Cher ami,

Je suis certaine que vous vous réjouirez avec moi de la bonne nouvelle que je vous annonce. Je viens de trouver un poste de secrétaire... devinez ou ? chez M. Lamballe.

Au cours de notre entrevue, il m'a appris qu'il vous connaissait fort bien et vous aimait beaucoup. Je pense qu'un petit mot de votre part serait le bienvenu si cela ne vous ennuie pas trop... car rien ne pourrait m'être plus utile que votre précieux appui.

Croyez bien que seuls nos liens d'amitié m'autorisent à vous suggérer cette petite intervention si toutefois cela ne vous gêne en aucune façon.

Merci mille fois et soyez assuré de toute ma reconnaissance et de mon très amical souvenir.

Odette

Demande de recommandation à une relation

Cher Monsieur,

Je viens d'être engagée par M. X. comme maquettiste dans son agence de publicité. Je ne puis vous dire à quel point j'en suis heureuse.

Vous m'avez dit fort gentiment, à plusieurs reprises, que mes dessins vous plaisaient aussi je me permets, en apprenant que vous êtes lié avec Monsieur X. de faire appel à votre inlassable bonté pour lui dire quelques mots à mon sujet. Votre recommandation sera d'un haut prix et j'y attache beaucoup d'importance.

Je ne saurai jamais assez vous remercier de votre appui, vous exprimer ma gratitude pour votre merveilleuse compréhension en ce qui concerne tous les problèmes de la vie.

Je vous prie de croire, cher Monsieur, à mon souvenir reconnaissant et amical.

Jeannette Legrand

Les félicitations

Libellé

A l'occasion d'une naissance, de fiançailles ou d'un mariage, les félicitations seront aussi libellées sur une carte de visite : *Monsieur et Madame X., avec leurs bien sincères félicitations à l'occasion de...* ou *enchantés d'apprendre l'heureuse nouvelle, prient Monsieur et Madame Y. de recevoir leurs vives félicitations et leurs vœux de bonheur pour leur fille Danièle.* Ou : *Madame X. ravie d'apprendre les fiançailles de Danièle, envoie à Monsieur et Madame Y. ses plus vives félicitations ainsi qu'à la jeune fiancée. (voir chapitres correspondants).*

A UN AUTEUR

Cher Monsieur,

Merci beaucoup de m'avoir envoyé votre livre. J'ai un peu tardé à vous répondre, car je voulais l'achever afin de vous dire ce que j'en pensais.

« La Fin de Jéricho » me paraît être un de vos meilleurs ouvrages, solide, constructif, votre style s'y montre alerte comme votre esprit. En un mot cette lecture m'a enchanté.

Avec toutes mes félicitations, je vous prie de croire, cher Monsieur, à mon bien amical souvenir.

Louis

Cher ami,

Quelle joie vous m'avez faite. Votre ouvrage, si joliment dédicacé m'enchante littéralement. Hélas, je l'ai déjà presque achevé et je suis triste à la pensée de savourer les dernières pages, ce soir. Je suis amoureuse de votre Jacques et je peste contre Anne de ne pas être capable de le rendre heureux.

Voyez ce que vous faites ! Je deviens antiféministes. Vous n'avez pas honte ?

Bravo tout de même, j'embrasse votre femme.

Gisèle

DISTINCTIONS HONORIFIQUES

Pour féliciter d'une distinction honorifique la formule ne varie guère. Cependant, il faut savoir que s'il s'agit d'une décoration, on félicite quelqu'un de sa *nomination* au grade de chevalier, de sa *promotion* au grade d'officier ou de commandeur, et de son *élévation* au grade de grand officier ou de grand croix.

Pour une décoration

Cher Jean,
Bravo pour cette distinction si parfaitement méritée. Mes félicitations joyeuses sortent d'un cœur toujours aussi profondément attaché.
Crois-moi ton vieux,

René

Cher Monsieur,
Permettez-moi de me réjouir avec vos amis pour cette nouvelle distinction qui vient récompenser vos mérites. Recevez, cher Monsieur, toutes mes félicitations et ma respectueuse considération.

Antoine Dupont

Sur une carte de visite

Monsieur X. très heureux d'apprendre la distinction dont Monsieur Y. vient d'être l'objet, le prie d'accepter ses félicitations les plus chaleureuses.

M. et Mme X.
avec leurs félicitations les plus vives pour cette distinction si parfaitement méritée.

Pour une Légion d'honneur

Cher ami,

Cette croix a vraiment de la chance! Elle ne pouvait être mieux placée que sur votre poitrine et n'a que trop attendu pour s'y épingler.

Je vous envoie mes félicitations les plus sincères et les plus affectueuses.

Philippe

Cher ami,

Je lis dans le Figaro *que votre boutonnière vient de rougir de la plus élégante façon, et je veux tout de suite vous dire combien je me réjouis pour vous de cette décoration si méritée.*

Mon mari se joint à moi pour vous envoyer nos plus chaudes félicitations et nos souvenirs les plus amicaux.

Jeanine

Mon cher Maître,

J'apprends que vous venez d'être promu au grade de Commandeur de la Légion d'honneur et je veux vous dire sans tarder combien je suis heureux de cette nouvelle.

Personne, plus que vous, ne méritait cette juste récompense à vos passionnants travaux sur... (ou à votre si beau talent).

Veuillez croire, mon cher Maître, à mon souvenir le plus admiratif et le plus déférent.

Etienne Dumont

Cher Anatole,

C'est avec joie que je t'adresse mes plus chaudes félicitations.

Si ta boutonnière rougit, c'est de honte de n'avoir pas été plus tôt autorisée à porter cette Légion d'honneur que tu méritais si bien.

Je te serre sur mon cœur. Crois-moi ton vieux,

Prosper

Cher Barnabé,

Il y a longtemps que j'attendais le jour où l'on épinglerait sur ta poitrine cette croix si méritée.

Ta compétence dans les affaires, la droiture de tes sentiments et de ta vie, la bonté dont tu as toujours fait preuve à l'égard de ceux qui t'entourent, te désignaient entre tous pour cette distinction.

Je m'en réjouis et je t'embrasse, cher Barnabé, en te félicitant avec toute la chaleur d'une vieille amitié.

Médard

AVANCEMENTS

Un supérieur à un inférieur pour un avancement

Mon cher Dupuis,

J'apprends avec plaisir votre nomination et, bien que cet avancement me prive de vos précieux services, je tiens à vous dire l'agréable souvenir que vous laissez ici. L'amabilité de votre caractère, si vite adapté à ceux qui vous entouraient ; votre sérieux et surtout la qualité de votre travail, vous avaient rendu en quelque sorte indispensable ici. Néanmoins, je me réjouis sincèrement de voir vos qualités appréciées à leur juste valeur. La vie apporte parfois des récompenses méritées. Celle-ci est toute justice et vous m'en voyez très heureux.

Croyez, mon cher Dupuis, à toutes mes félicitations et à mon souvenir le meilleur.

A. Lestrape

Un commandant à un général d'armée

Mon général,

Permettez-moi de vous exprimer la joie profonde que nous ressentons tous en apprenant votre élévation au grade de général d'armée. Vous avez toujours si bien su commander et vous attacher ceux qui étaient sous vos ordres, leur enseigner à la fois l'amour du pays et le sentiment du devoir, que je ne puis m'empêcher de vous dire ma fierté de vous voir attribuer cette cinquième étoile.

Que mes félicitations s'ajoutent à celles de tous vos subordonnés, et vous assurent de mon fidèle attachement.

Je vous prie d'agréer, mon Général, l'expression de mon profond respect.

Etienne Saval

A un ami pour un avancement

Cher ami,

Vous n'avez pas idée du plaisir que me cause votre avancement. Il y a si longtemps que vous vous dévouez à cette carrière à laquelle vous avez donné tant de preuves de compétence, qu'il est vraiment juste que vous en soyez enfin récompensé.

Encore bravo et toutes mes amitiés.

André

Mon vieux Charles,

Ton avancement me remplit de joie. Tu ne l'as pas volé, mais cela fait plaisir de te voir enfin à la place que tu mérites.

J'espère que tu viendras bientôt à la maison afin que nous fêtions cela.

Je t'envoie mon amitié.

Jules

Les lettres d'excuses

Une lettre d'excuses doit s'envoyer vite. Laisser passer plus de vingt-quatre heures indique un manque à la courtoisie évident : attendre quarante-huit heures... ou plus est le signe d'une mauvaise éducation.

Certaines lettres d'excuses (pour n'avoir pu rendre un service demandé ou faire une visite promise, par exemple) peuvent être reculées au-delà de trois jours. Par contre si on est attendu, on doit prévenir par un pneumatique ou au dernier moment par un coup de téléphone que l'on ne peut se rendre au rendez-vous.

D'une manière générale, il convient d'exprimer des regrets en expliquant que le désir de voir la personne ou de se rendre à son invitation a été mis en échec par un contretemps.

Il est souvent préférable d'expliquer loyalement l'empêchement tel qu'il était, si bête soit-il, ou de reconnaître ses torts en toute franchise.

Sur une carte de visite

Mme X.
regrette vivement de n'avoir pu se rendre au cock-

tail de M. Y. ayant eu un empêchement au dernier moment.

Monsieur X... désolé de n'avoir pu se rendre à la si aimable invitation de Monsieur Z., lui exprime tous ses regrets d'avoir été retenu chez lui par une fâcheuse indisposition.

Après une entrevue manquée

Cher Monsieur,

Je m'excuse infiniment de n'avoir pu me rendre chez vous hier soir, comme nous en étions convenus, ayant été terrassé par une grippe qui m'a donné un gros accès de fièvre à tel point que je n'ai même pas songé à décrocher le téléphone.

Je vous prie de me pardonner ce manque de parole involontaire. Dès que je me sentirai mieux, je me permettrai de vous appeler pour vous demander un autre rendez-vous.

Veuillez croire, cher Monsieur, à mon souvenir le plus sympathique et encore à tous mes regrets.

René Tiresain

De ne pouvoir assister à un cocktail

Chère amie,

Je n'ai reçu que ce matin votre si aimable invitation. Hélas ! J'ai déjà disposé de ma fin d'après-midi et je ne pourrai, à mon grand regret assister à votre cocktail, ce qui me navre infiniment.

En effet, j'ai un rendez-vous très important avec le conservateur du Musée qui a l'amabilité de m'aider dans mes recherches.

Veuillez croire à mon souvenir bien amical.

Gilberte

Pour s'excuser de n'avoir pas envoyé des papiers promis

Cher Monsieur,

Je suis vraiment confus de n'avoir pu vous faire porter hier les documents que je vous avais formellement promis. Une indisposition subite et grave de ma femme m'a rappelé du bureau au milieu de l'après-midi et, n'ayant pas mon bloc sous les yeux j'ai oublié de vous tenir parole.

J'espère que vous ne me tiendrez pas rigueur de cette omission. Je vous envoie ma secrétaire qui vous portera, avec mes excuses, le dossier en souffrance.

Veuillez croire à mon souvenir le plus cordial, cher Monsieur, et encore à mes bien vifs regrets.

Robert Trou

Excuses après une discussion qui n'aurait pas dû avoir lieu

Cher ami,

Je m'excuse d'avoir donné libre cours, hier, à ma nature tempêteuse et impulsive. Laissez-moi vous dire combien je regrette la manière un peu brutale dont je vous ai exprimé mon opinion si contraire à la vôtre.

Entraîné par la discussion, j'ai dépassé ma pensée en vous disant un certain nombre de choses qui, à la réflexion, me semblent bien exagérées. Je serais surtout navré si j'ai pu vous faire de la peine.

Vous savez que mes emportements n'ont rien à voir avec l'amitié que j'ai pour vous. Veuillez donc oublier cette sortie stupide et me croire fidèlement vôtre.

René

Après un geste maladroit

Chère Madame,

Je suis vraiment effondré par ma maladresse. Le bibelot précieux que j'ai si malencontreusement cassé hier sur votre cheminée me poursuit.

Permettez-moi de vous envoyer cette coupe de Chine. Elle est moins belle que celle dont je vous ai privée, mais elle vous dira, avec mes excuses renouvelées, mon fidèle et respectueux attachement.

Pierre Lacroix

Excuses après une panne d'auto.

Ma petite Colette,

Je suis consternée : mes quatre chevaux, si fringants à l'habitude, viennent de me jouer le tour le plus pendable de leur carrière.

Partis avec enthousiasme vers toi sur le coup de cinq heures de l'après-midi, ces fidèles coursiers se sont brusquement cabrés à 24 kilomètres de Paris. J'ai eu beau les flatter, leur susurrer les plus doux encouragements, les menacer avec verdeur des pires sanctions, ils m'ont opposé une force d'inertie insurmontable.

J'ai dû recourir à un cheval de labour, retour du champ, pour me traîner jusqu'au plus proche village. Le maréchal-ferrant (C'était tout ce qu'il y avait) a plongé le nez dans le moteur, sans succès d'ailleurs. Il m'a fallu téléphoner à mon garage pour demander une voiture dépanneuse. C'est te dire que non seulement ma journée et une partie de ma soirée ont été gâchées, mais que je t'ai fait faux bond, ce qui me navre.

Le remplacement de la dynamo, la voiture dépanneuse, le maréchal-ferrant, le cheval et le téléphone m'ont non seulement privée de ta présence, mais en plus de la petite robe sur laquelle je comp-

tais pour faire mon persil au casino de Royan cet été, me voici réduite aux coupons en solde et à mes talents de cousette...

Tout cela est bien triste. Je t'embrasse tout de même sur les deux joues en t'inondant de mes larmes de regrets.

Antoinette

Pour une invitation reçue en retard

Monsieur,

Je suis plus que navré : la lettre par laquelle vous m'invitiez si aimablement à venir passer trois jours à Monte-Carlo pour le prix de Monaco m'est arrivée avec soixante-quinze heures de retard, le matin même où l'on donnait le prix.

C'est vous dire qu'en dépit de mon désir, je ne pourrai me rendre à votre si charmante invitation.

En vous remerciant encore tellement, veuillez croire, Monsieur, à mon souvenir le meilleur.

Littré-Vaucluse

Pour excuser un enfant en cas de maladie à un professeur

Monsieur,

Je vous prie de vouloir bien excuser mon fils de ne pas aller au lycée aujourd'hui. Il s'est réveillé ce matin avec une assez forte fièvre et le médecin conseille de le garder quelques jours à la chambre avant de le laisser retourner en classe.

Je regrette beaucoup ce contretemps. J'espère cependant que mon fils pourra recommencer à travailler la semaine prochaine.

Avec mes regrets, veuillez croire, Monsieur, à ma considération distinguée.

Dupont-Durand

A un directeur d'école pour excuser un enfant de s'être absenté pour une raison de famille

Monsieur le Directeur,

Un de nos parents auquel nous étions fort attachés vient de mourir. Il était le parrain de mon fils et je ne puis dispenser celui-ci du triste devoir de l'accompagner à sa dernière demeure.

Veuillez l'excuser de manquer ses classes pendant deux jours car l'enterrement a lieu en province.

Recevez, Monsieur le Directeur, avec mes excuses, l'expression de ma considération très distinguée.

J. Laplante

Pour excuser un enfant de n'avoir pas fait ses devoirs

Monsieur le Directeur,

Mon fils est rentré hier soir du lycée avec la migraine et si fiévreux que j'ai dû appeler le médecin. Il semble mieux ce matin, mais il n'a pas pu faire ses devoirs. Je vous demande de bien vouloir l'excuser.

Croyez, Monsieur le Directeur, à ma considération très distinguée.

Dupont-Durand

Circonstances diverses

Les événements quotidiens et les mille et une tracasseries de la vie actuelle vous obligeront souvent à prendre la plume et à freiner votre fantaisie pour la remplacer par des termes juridiques ou seulement tellement précis, qu'ils ne puissent prêter à aucune interprétation.

Les quelques lettres rassemblées ci-après ne pourront évidemment être reprises telles car les données de base sont différentes, mais nous avons cherché avant tout à vous donner le ton qu'il convient d'adopter vis à vis de chacun et dans chacune des circonstances.

Lettre à un ancien professeur pour lui annoncer la réussite d'un examen

Cher Monsieur,

L'examen s'est terminé hier et j'ai été reçu avec la mention assez bien. J'ai pensé aussitôt à la reconnaissance que je vous dois. Grâce à vous, j'ai compris la joie et la satisfaction du travail bien fait. Le résultat que j'ai obtenu est, en grande partie, votre œuvre. Je voulais vous le dire, cher Monsieur, en vous remerciant de cette bienfaisante influence que vous avez eue sur ma vie et dont je vous resterai toujours reconnaissant.

Lettre d'un domestique à la campagne

Madame,

Je viens tranquilliser Madame sur ce qui se passe ici pendant son absence. Les nettoyages en grand sont terminés, il reste peu de détails pour que la maison soit en très bon état. J'ai pu faire moi-même quelques petites réparations pour lesquelles je n'ai pas voulu déranger un ouvrier.

La nurse ne se plaint pas des enfants qui sont relativement sages en dépit de quelques maladresses sans importance, preuves qu'ils se portent bien. Ils parlent avec joie du retour de Madame.

Avec mes salutations dévouées et respectueuses.

Louis

Lettre du patron

Mon bon Louis,

Je suis content des nouvelles que vous me donnez de la maison. Je vous en remercie et je suis touché de la peine que vous avez prise pendant mon absence.

Je reviens lundi prochain, je vous demande de bien aérer ma chambre et de préparer un dîner léger. Je rapporterai quelques provisions pour la maison.

A bientôt et tous mes remerciements.

Lépinay

Télégramme au chauffeur

Prière venir nous chercher gare de Lyon samedi sept heures — merci.

Lettre pour une première Messe

Mon cher Pierre,

Un voyage d'affaires m'empêchera, hélas ! d'assister samedi à votre première Messe. Dieu sait pourtant si j'aurais aimé être près de vous en ce jour émouvant. Mais ma pensée vous suivra avec ferveur et affection tout au long du Sacrifice.

Croyez, mon cher Pierre, à ma bien sincère amitié.

Jacques

Lettres pour une prise d'habit

Ma chère Jacqueline,

Je suis désolée : une mauvaise grippe me tient au lit et m'empêche d'assister à ta prise d'habit. Tu sais combien je suis émue à l'idée de te voir entrer définitivement chez les Franciscaines de Marie. Mais je connais ton bonheur, et cela me console du chagrin que j'éprouve à l'idée de ne plus pouvoir être près de toi aussi souvent qu'autrefois. Sois sûre que mes pensées ferventes te suivront au cours de cette cérémonie. Je te dis, ma chérie, avec encore tous mes regrets, ma plus tendre et religieuse pensée.

Jacqueline

Ma petite Yvonne,

Je suis bien émue à l'idée d'être auprès de toi le 17 avril et d'assister à l'émouvante cérémonie qui fera de toi une Bénédictine. J'admire l'ordre que tu as choisi et je suis sûre qu'il t'apportera toutes les joies spirituelles que tu souhaites si ardemment car je sais la profondeur et la grandeur de ta vocation. Je prierai pour toi de toute mon âme, mais mon cœur sera bouleversé, je le sais, de perdre en partie l'amie que tu as toujours été pour moi.

Il me sera doux pourtant d'assister à ta prise d'habit et d'unir mes prières aux tiennes pour demander à Dieu de t'accorder toutes ses bénédictions.

Je t'embrasse très affectueusement.

Jacqueline

Regrets exprimés sur une carte de visite

Monsieur et Madame X. prient Monsieur et Madame Z. d'accepter leurs meilleurs vœux et leurs prières ferventes à l'occasion de l'ordination de leur fils Jean.

Monsieur et Madame X. seront unis de cœur et de prière à l'ordination du Père Jean de la Grâce, à laquelle ils regrettent vivement de ne pouvoir assister.

Lettre à un prêtre pour assister un mourant

Monsieur l'Abbé,

Mon mari est si malade que je ne puis plus espérer qu'en un miracle pour le garder près de moi. Je suis profondément croyante, mais, hélas ! mon cher compagnon est de ceux qu'il faut classer parmi les indifférents.

Il vous aime beaucoup, il a toujours eu du plaisir à parler avec vous. Je vous serais reconnaissante de passer le voir. Je prie pour que le Seigneur vous vienne en aide pour Lui ramener cette âme juste et honnête.

En vous remerciant à l'avance, Monsieur l'Abbé, de vouloir bien assumer cette tâche si délicate, veuillez croire à toute ma respectueuse reconnaissance.

A une vieille parente pour lui demander à déjeuner

Ma chère cousine,

Nous devons être le 18 juin, c'est-à-dire jeudi prochain à X., pour une discussion d'affaires importante.

Nous serions très heureux de passer un moment avec vous, mais malheureusement nos minutes sont comptées.

Nous permettriez-vous de nous inviter à déjeuner chez vous ? Pour ne pas trop vous déranger nous arriverons avec un pâté de canard sous le bras.

Dites-nous bien sincèrement si ce programme vous convient, ou non ?

Pour nous, ce serait une joie de vous retrouver, puisque la vie nous retient malheureusement si souvent au loin.

Croyez, ma chère cousine, à toute mon affection et aux respectueux hommages de René.

Gisèle

Une mère de province demande qu'on accueille sa fille qui vient terminer ses études à Paris

Chère Madame,

Ma fille doit aller passer deux ans à Paris pour y terminer ses études de puériculture. Elle ne nous a jamais quittés et je crains bien qu'elle ne se sente un peu perdue, tout au moins au début, dans votre grande ville si différente de notre calme Poitiers.

Je serais heureuse et tranquillisée si vous vouliez bien, de temps à autre, l'accueillir. Arlette a une grande amitié pour Janine et elle ne pourrait, au surplus, trouver un foyer plus agréable que le vôtre, des conseils plus sages que ceux que vous lui donneriez et un guide plus éclairé que votre fille si elle voulait bien la promener quelquefois dans Paris.

Je vous remercie à l'avance et vous prie de croire, chère Madame, à ma sincère amitié.

Lise

Réponse favorable

Chère Madame,

Mais oui, Janine sera très heureuse de rencontrer et de piloter Arlette quand elle ne sera pas elle-même accaparée par ses fonctions de cheftaine qui bien souvent l'éloignent de Paris le dimanche.

Nous accueillerons votre fille avec le plus grand plaisir, mon mari et moi, mais elle est si charmante et si attirante qu'elle ne restera sûrement pas longtemps isolée dans Paris. Les relations — voire les amies — ne lui manqueront pas, mais si vous le voulez, je veillerai, dans ce domaine, à la guider quelque peu.

Soyez donc tout à fait rassurée ; Arlette trouvera chez nous un foyer que nous nous efforcerons de lui rendre agréable.

Croyez, chère Madame, à ma meilleure amitié.

Marina Varcas

Réponse non favorable

Chère amie,

J'aurais beaucoup aimé pouvoir offrir à Arlette l'accueil de notre foyer ; mais vous savez que mon mari est de plus en plus fatigué et l'atmosphère de notre maison n'est vraiment pas ce qu'une jeune fille aussi vivante et dynamique que la vôtre pourrait souhaiter trouver à Paris.

Janine est fiancée depuis deux mois, sa future

belle-famille habite près de Rambouillet et, naturellement, elle passe tous ses week-ends là-bas.

Je tiens beaucoup cependant à ce que votre fille ne se sente pas complètement isolée à Paris et je serai très heureuse qu'elle vienne me voir dès son arrivée afin de lui donner, si elle le désire, quelques suggestions pour l'organisation de sa nouvelle existence.

Croyez, ma chère amie...

G. Prad

Lettre à propos d'une mise à la retraite

Monsieur,

Ce n'est pas sans un vif regret que je suis le porte-parole du Conseil d'Administration qui refuse de renouveler votre mandat, tout en conservant un très bon souvenir de la collaboration que vous lui avez apportée et du dévouement dont vous avez fait preuve.

J'y joins mes remerciements personnels pour votre précieux concours durant les différents travaux dont nous nous sommes occupés ensemble.

Croyez, cher Monsieur, à mon souvenir le plus cordial et à l'expression de ma considération très distinguée.

G. Dupont

Réponse

Monsieur le Président,

La décision du Conseil d'Administration que vous m'avez communiquée, m'a été fort pénible car je me suis toujours fidèlement intéressé aux travaux de cette société que je prenais à cœur comme mes propres intérêts.

Je garde de tous mes collègues le meilleur souvenir et je vous prie, Monsieur le Président, de parta-

ger avec eux l'assurance de ma haute considération.

E. Labrique

A un avocat

Mon cher Maître,

Grâce à vous, le procès qui me donnait tant de soucis s'est enfin terminé à mon avantage.

Je dois ce succès à votre grand talent et je veux vous en dire ma profonde gratitude.

En vous remerciant encore de votre si heureuse intervention je vous adresse, cher Maître, l'expression de ma reconnaissance et ma considération la plus distinguée.

Sorel

A un agent d'affaires

Monsieur,

Je ne puis vous dire combien j'ai été heureux d'apprécier l'habileté avec laquelle vous m'avez dégagé de la délicate affaire où je m'étais si malencontreusement laissé entraîner. Permettez-moi de vous féliciter et de vous remercier encore de votre si heureuse intervention.

Je vous serais reconnaissant de me faire connaître le montant de vos honoraires et je vous prie de croire, cher Monsieur, à mes sentiments de vive sympathie.

Lesage

A un avocat pour un procès gagné

Cher Maître,

Comment vous dire mon admiration et ma joie

devant le succès que vous avez obtenu pour ce procès qui m'avait donné tant de soucis ! Laissez-moi vous dire mon immense gratitude. L'éloquence dont vous avez fait preuve a triomphé une fois de plus d'une cause dans laquelle le bon droit semblait en péril avant que votre talent ne l'ait mis au jour.

Veuillez trouver ici, mon cher Maître, l'expression de mes remerciements les plus sincères et croire à mon souvenir le plus reconnaissant.

Dessue-Comblé

A un avoué

Cher Maître,

Comment vous remercier assez d'avoir si adroitement fait admettre mes droits dans la contestation que j'avais avec mon propriétaire ! Je vous sais gré d'avoir su éclairer en ma faveur les dispositions actuelles de la loi.

Soyez assuré que je n'oublierai pas votre intervention. Je chante vos louanges comme un rossignol au printemps. Merci encore, mon cher Maître, et croyez à mon souvenir le plus reconnaissant.

Dournel-Limon

Lettre d'un chef scout auquel on a offert un terrain pour ses scouts

Monsieur (ou *Madame*)

Permettez-moi de vous dire à quel point je suis touché de votre offre si généreuse de recevoir mes scouts dans votre belle demeure.

C'est une très bonne action, je vous assure, et elle trouvera sa récompense dans la reconnaissance de ceux qui goûteront, grâce à vous, de si heureuses vacances.

Veuillez recevoir, Monsieur, avec les remercie-

ments de tous, l'expression de mes sentiments respectueux et les meilleurs.

Jacques Lagarde

A une banque pour achat de titres

Monsieur,

Veuillez, je vous prie, convertir les fonds qui sont à mon compte n° 26 154, en 25 actions De Beers. Je désire les acheter au mieux, fin courant.

Avec mes remerciements, croyez, Monsieur, à ma considération distinguée.

A une banque pour un virement d'argent

Monsieur,

Veuillez débiter mon compte n° 17280 de la somme de 20 000 frs pour en créditer celui de Monsieur X. n° 12453.

Avec mes remerciements, veuillez agréer, Monsieur, ma considération très distinguée.

Plainte contre un colocataire propriétaire d'un chien *(lettre authentique)*

Monsieur le Gérant,

Le sans-gêne et le peu de scrupules d'un locataire obligent les soussignés à protester énergiquement au sujet d'un chien caniche, abandonné dans le grand escalier de l'immeuble que nous occupons.

Il est intolérable que les maîtres de cet animal, qui n'en peut rien, considèrent les paliers de chaque étage, du sixième au rez-de-chaussée, comme autant d'édicules que ne pourrait pas renier l'empereur Vespasien.

Chaque jour et selon la fantaisie de l'incontinence ou les incommodités causées par une nourriture excessive (heureux chien !) ou par d'autres causes qu'il n'est pas séant d'énumérer, le grand escalier se trouve jalonné par d'abondantes nappes liquides ou autres matières plus ou moins consistantes.

Ces « témoignages » dont le propriétaire du quadrupède est responsable, n'incitent pas les locataires et les étrangers à considérer l'immeuble comme un modèle de propreté et de bonne tenue.

Le rôle du Gérant consistant à prêter une sérieuse attention aux doléances légitimes et justifiées des personnes habitant l'immeuble qu'il a la charge d'administrer et de surveiller, les protestataires exigent que cet état de choses, motif de leur plainte, cesse immédiatement et qu'une observation sévère soit formulée. Le propriétaire du chien caniche incriminé devra prendre toutes dispositions pour qu'à l'avenir le règlement de police en date du 15 janvier 1946, concernant la gent canine, soit respecté à la lettre et que l'animal, pour lequel on ne peut avoir la compassion de Dandin, soit conduit, en laisse, aux endroits prévus où il aura alors tout loisir d'accomplir autant de fois qu'il le voudra ses fonctions naturelles.

Veuillez croire, Monsieur le Gérant, etc.

Lettre d'un colocataire à son propriétaire pour lui demander la réparation de persiennes usagées

Monsieur,

Je tiens à vous signaler que trois des persiennes de mon appartement, se trouvant au troisième étage, commencent à branler sérieusement sur leurs gonds. J'ai tout lieu de redouter qu'un orage, une tornade ou simplement la maladresse d'un domestique fasse tomber lesdites persiennes dans la rue, et provoque un accident.

Je vous serais donc très reconnaissant de bien

vouloir envoyer au plus tôt le serrurier qui s'occupe de l'immeuble afin qu'il consolide les gonds afin que votre responsabilité ne puisse être mise en jeu le cas échéant.

Veuillez, croire, Monsieur, à mes remerciements anticipés.

Il va de soi que l'on peut formuler des griefs sous une forme plus concice, voire plus sèche si l'intervention demandée se fait attendre.

Lettre de réclamation aux P. et T.

Monsieur le Directeur,

Une lettre datée du 8 janvier, portant la mention « Urgent » ne m'a été livrée que le 13 du même mois. Vous trouverez ci-joint l'enveloppe qui vous permettra de constater que l'envoyeur avait commis une légère erreur en écrivant 4, rue X., au lieu de 14.

Mais j'estime qu'à six maisons près, du même côté de la rue, il est inadmissible qu'une lettre par exprès *mette quatre jours de plus qu'une lettre ordinaire pour atteindre son destinataire.*

Je vous signale par ailleurs qu'il s'agissait d'une invitation dont je n'ai pu profiter, ce qui me cause un préjudice.

Je vous prie de bien vouloir examiner la question et donner à cette affaire la suite qu'elle comporte.

Veuillez agréer, Monsieur le Directeur, l'assurance de ma considération distinguée.

Dupont-Durand

Pour demander des nouvelles d'un malade

Chère amie,

J'ai appris par Suzanne Villeneuve que votre mari

avait subi une intervention assez grave. Elle n'a pas pu me donner de détails sur son état. Je n'ose appeler chez vous, ignorant si votre mari est rentré de la clinique, et craignant de le déranger s'il dort ou si vous êtes auprès de lui. Vous comptez tant d'amis, tous deux, que le téléphone, dans ce cas, devient facilement indiscret.

Mais je pense à vous avec toute mon amitié ; j'aimerais avoir des nouvelles, savoir que vous n'avez plus de souci et que votre malade entre en convalescence.

Dites-lui, chère amie, mes vœux de prompt rétablissement et partagez tous deux ma fidèle affection.

Jeanne Piton

Demande de renseignements sur une domestique

Madame,

Je cherche une personne de confiance qui puisse garder mon bébé quelques heures par jour. Louise Dulon s'est présentée chez moi et m'a dit être restée à votre service pendant dix ans.

Je serais très heureuse de savoir si elle vous semble capable de s'occuper d'un enfant en me donnant toute sécurité.

Avec mes remerciements, je vous prie de croire, Madame, à ma considération distinguée.

Lucas-Lampion

Réponse

Madame,

J'ai en effet employé Louise pendant dix ans et elle n'a montré chez moi, pendant cette longue période, qu'attachement, honnêteté et dévouement.

Je suis sûre qu'elle s'occuperait de votre enfant

avec beaucoup de conscience, avec beaucoup de cœur même. Malheureusement elle a soixante-dix ans ; mais si l'âge de l'enfant n'exige pas de la part de Louise beaucoup d'activité, je suis certaine que l'attention qu'elle mettra à bien s'acquitter de ses fonctions pourra suppléer aux capacités physiques qu'elle n'a plus.

Veuillez recevoir, Madame, mes sentiments les plus distingués.

Bouton-Bichon

Demandes d'argent

Il ne faut jamais prêter d'argent à un ami avec l'espoir d'être remboursé. Si on avance une grosse somme, on se brouille généralement avec celui auquel on rend service. La sagesse consiste à *donner*, si on le peut, une partie de l'argent demandé. Si la somme rentre, bénissez le Seigneur. Si elle est perdue, vous n'en mourrez pas...

Vous pouvez vous adresser à un ami en ces termes :

Mon cher ami,

Je me trouve en ce moment dans une position fort difficile. Je comptais sur une rentrée d'argent pour mon échéance en fin de mois. Or, plusieurs de mes débiteurs m'ont fait faux bond, et j'aurais besoin de mille francs pour faire face à mes engagements.

Puis-je vous demander de m'avancer cette somme pendant un mois ? Je pourrai vous signe une traite pour vous en assurer le remboursement.

En vous remerciant à l'avance, veuillez croire, mon cher ami, à mes sentiments les meilleurs et les plus reconnaissants.

Louis

Et plus délicat encore : comment répondre.

Cher ami,

Tu me vois bien désolé de ne pouvoir te rendre le

service que tu viens me demander. Je passe, moi aussi, en ce moment par une période très difficile et mes finances sont loin d'être aussi prospères que je le souhaiterais.

Si cela peut te rendre service, je t'envoie deux cents francs. C'est tout ce que je puis faire, hélas ! Mais tu pourras peut-être trouver un autre ami plus compréhensif et plus argenté.

Je t'envoie mon bien amical souvenir.

Paul

Mon vieux Robert,

Je suis vraiment désolé de te savoir aux prises avec cette maudite échéance. Je ne suis pas moi-même en pleine euphorie pécuniaire, mais cependant s'il s'agit d'une avance et si tu m'assures être de parole et me rembourser très exactement le dix du mois prochain, je suis d'accord.

Très heureux si mon amitié peut t'être de quelque utilité.

François

Demande de renseignements sur une secrétaire

Mon cher ami,

Depuis quelques mois j'essaie de mener de front trop d'activités à la fois. Tout en souffre : mon entourage, ma santé et mon travail. Je crois qu'il serait sage que je m'adjoigne une secrétaire quelques heures par semaine.

Notre ami Jean Vignal me parle de Madame P. qu'il connaît bien et qui a été chez vous, me dit-il, pendant plusieurs années.

Auriez-vous la gentillesse de me dire très amicalement, et sous le sceau du secret bien entendu, ce que vous pensez d'elle ?

Croyez, mon cher ami, à ma fidèle affection.

Léonie

Réponse négative

Ma chère Léonie,

Madame P. a, en effet, travaillé avec moi pendant plusieurs années. J'ai regretté son départ : elle a des qualités qui pourraient faire d'elle une excellente secrétaire, mais elle avait tendance à montrer de plus en plus d'amateurisme dans le travail.

Je crains fort que la douceur et l'amabilité qui font de vous une amie si charmante ne puissent discipliner cette humeur indépendante.

Croyez, ma chère Léonie, à mon affectueux attachement.

Votre vieil ami,
Athanase

Réponse favorable

Ma chère amie,

Je ne saurais trop vous recommander Madame P. qui a travaillé longtemps avec moi et que je considère comme une parfaite secrétaire. Elle est aussi intelligente que soigneuse et méthodique dans son travail. Elle est douée d'un style étonnant, ce qui vous permettra, le cas échéant, de lui confier votre courrier avec vos directives : je ne doute pas que vous soyez enchantée d'elle.

Croyez, ma chère Léonie à ma fidèle amitié.

Athanase

Lettre d'une jeune fille sollicitant une situation

Monsieur,

Ayant appris que vous désiriez engager une secrétaire, je vous adresse mes références au sujet de cet emploi :

Deux baccalauréats ès lettres, une licence d'anglais et une légère connaissance de l'espagnol. Je suis aussi assez rapide en sténo et en dactylo.

Si ces titres peuvent me valoir quelques chances d'être agréée, je vous serai obligée de vouloir bien m'en faire part.

(Suit l'adresse.)

Croyez, Monsieur, à ma considération très distinguée.

Colette Laristourne

Réponse à une annonce concernant un emploi

Monsieur,

Je viens de lire dans le Figaro dans la rubrique des annonces concernant des emplois que vos services recherchent une secrétaire.

Cette proposition m'intéresse vivement et je me permets de poser ma candidature à ce poste. D'autre part, vous trouverez, ci-joint, mon curriculum vitae.

Je me tiens à votre entière disposition au cas où vous voudriez me rencontrer.

J'ose espérer qu'il vous plaira d'examiner ma candidature avec bienveillance et je vous prie de croire, Monsieur, à ma considération très distinguée.

Y. Lebois

Pour envoyer un curriculum vitae

Monsieur,

Conformément au désir que vous avez exprimé, je vous prie de trouver ci-après mon curriculum vitae :

Nom et prénoms :

Age :

Adresse :

Nationalité :
Etudes :
Diplômes :
Emploi désiré :
Emplois précédents :
Dans quelles entreprises :
Salaire demandé :

J'espère que ces précisions vous satisferont et je vous demande de croire, Monsieur, à ma considération très distinguée.

F. Guillaume

Lettre d'un étudiant sollicitant un emploi de précepteur

Monsieur,

Devant terminer mes études l'année prochaine et sachant que vous désirez trouver un précepteur pour votre fils pendant les vacances, je viens vous proposer de le faire travailler quelques heures par jour, devant moi-même réserver du temps pour mes études.

Si ma proposition vous agrée, je vous serais reconnaissant de me fixer un rendez-vous, afin de mettre au point les détails essentiels de ce projet.

Veuillez agréer, Monsieur, l'assurance de mon entier dévouement.

Jean Grattier

Lettre pour demander un certificat de travail

Monsieur,

Lors du règlement de mon compte, le jour de mon départ, mon certificat de travail, non établi, n'a pu m'être remis. On avait promis de me l'envoyer la semaine suivante.

Or, voici plus de trois semaines que j'ai quitté votre société et je suis sur le point d'être engagée dans une autre maison qui me réclame cette pièce.

Je vous serais infiniment reconnaissante de bien vouloir me faire parvenir ce certificat. Je vous rappelle que je suis entrée le 1er décembre 1960 au service de la comptabilité en qualité de mécanographe (préciser coefficient) *et que j'y suis restée jusqu'au 31 décembre 1966.*

En vous remerciant par avance, veuillez croire, Monsieur, à l'assurance de ma considération distinguée.

A un médecin pour lui demander sa note

Cher Docteur,

Vous m'avez soignée à ravir et je ne me suis jamais sentie mieux qu'après cette affreuse congestion. Je vous bénis.

Que cette nouvelle année vous soit propice, cher Docteur. Croyez à mon souvenir reconnaissant et amical.

Ginette Sari

P.S. — *J'attends la note de vos honoraires.*

Lettre d'un médecin pour demander une consultation à un confrère

Mon cher confrère,

La femme d'un de mes clients souffre depuis huit jours d'une pleurésie qui s'aggrave de complications multiples. Son cas ne laisse pas de m'inquiéter et mon client est maintenant désireux d'avoir une consultation.

Bien entendu, j'ai pensé à vous.

Voulez-vous m'appeler demain matin ou ce soir après neuf heures, je vous donnerai de plus amples détails sur ma cliente et nous pourrons prendre un rendez-vous.

Croyez, mon cher confrère, à mon souvenir amical.

Lefèvre

A son médecin pour lui demander un certificat d'arrêt de travail

Docteur,

Lors de votre visite avant-hier soir, j'étais si mal en point que j'ai complètement oublié de vous demander de me délivrer un certificat d'arrêt de travail pour mon employeur.

Voulez-vous avoir l'obligeance de m'en établir un car il est indispensable que je sois en règle avec la comptabilité du service du personnel.

Je me sens déjà bien mieux, grâce à vos soins et je suis persuadée que je vais retrouver très rapidement mon équilibre physique.

En m'excusant vivement de vous importuner par cette demande « administrative », je vous prie de trouver ici, Docteur, l'expression de ma reconnaissance la plus vive.

S. Dupuis

Demande de soins à un kinésithérapeute

Monsieur,

Mon médecin traitant, le docteur Antoine, m'a ordonné une série de vingt-quatre massages de la colonne vertébrale et des exercices correcteurs pour mes vertèbres. Il m'a vivement conseillé de m'adresser à vous dont il apprécie les grandes capacités.

Voudriez-vous avoir l'obligeance de me dire si vous avez la possibilité d'entreprendre ce traitement qui doit avoir lieu tous les deux jours et me fixer un rendez-vous aux jours et heures qui vous conviendront.

Veuillez croire, Monsieur, à ma considération très distinguée.

L. Rivière

A une mutuelle pour demander un complément de remboursement S. S.

Messieurs,

Je suis membre de votre mutuelle depuis deux ans environ et je suis immatriculée sous le n° 13 424.

J'ai lu dans les statuts de la société que chaque adhérent pouvait obtenir un complément de remboursement de la Sécurité Sociale pour certains examens ou appareils onéreux. C'est mon cas aujourd'hui. Mon dentiste vient de me poser un bridge composé de plusieurs dents en or (appareillage peu remboursé par la Sécurité Sociale) *et je crois que ces frais sont inclus dans la nomenclature des cas que vous prenez en charge. Je vous adresse donc, ci-joint, la note d'honoraires de mon praticien accompagnée du décompte de remboursement que les Assurances Sociales viennent de me faire parvenir.*

Je suis, bien entendu, à votre disposition si vous désirez des renseignements complémentaires et je vous prie de croire, Messieurs, à ma considération très distinguée.

C. Lalande

A la Sécurité Sociale au sujet d'un acte médical

(rappeler en référence le N° d'inscription à la S. S.)

Messieurs,

Lorsque je vous ai envoyé mon dossier maladie pour remboursement, j'ai joint, comme il est d'usage, l'ordonnance de mon médecin traitant. Or, à la seconde visite, celui-ci m'a demandé à revoir ses prescriptions et je n'ai pas pu lui remettre son ordonnance.

Je suis bien embarrassée car cette demande reviendra à chaque nouvelle consultation. Aussi, vous saurai-je gré de bien vouloir me retourner, en communication, cette première pièce. Pour les prochains actes médicaux, je demanderai à mon pharmacien de m'en faire établir une copie que je vous transmettrai avec mes dossiers.

Avec mes remerciements, veuillez agréer, Messieurs, l'expression de ma considération très distinguée.

G. Lucas

Lettre de demande de pension à la Sécurité Sociale

Monsieur,

J'ai été victime d'un accident du travail le...... En effet, en sortant de mon bureau situé à...... vers 19 h, j'ai été renversé par une voiture alors que je traversais la rue au feu rouge au milieu du passage clouté. Des témoins ont appelé immédiatement police-secours et un constat a été établi.

Les médecins ont diagnostiqué deux cassures à la jambe droite, m'ont opéré et prescrit un repos de trois mois. Mais mon médecin traitant, qui me suit régulièrement depuis mon retour chez moi, constate, en accord avec le chirurgien, un traumatisme résultant de cet accident. Il me précise qu'il s'atténuera sans doute dans l'avenir, sans toutefois disparaître totalement. Pour l'instant, les séquelles de cet accident me causent un préjudice important pour la reprise normale de mes activités professionnelles et m'autorisent à introduire une demande de pension à la Sécurité Sociale.

Mon dossier a dû vous parvenir et je pense qu'a-

près l'avoir consulté, vous reconnaîtrez le bien-fondé de ma demande.

Je me tiens à votre disposition pour passer la contre-visite habituelle, dès que vous voudrez bien m'en fixer la date. D'autre part, je puis vous fournir tous les actes médicaux et autres justifiant l'attribution de cette rente.

Avec mes remerciements anticipés, veuillez croire, Monsieur, à l'expression de ma considération très distinguée.

Lathuille

A un directeur d'école pour lui demander de prendre un enfant

Monsieur le Directeur,

Mon fils doit entrer cette année en 5ème et je serais particulièrement heureuse si vous pouviez l'accepter parmi vos élèves. Cet enfant dont la santé est délicate n'a pas jusqu'ici travaillé avec ardeur, mais il a presque toujours obtenu une honorable moyenne pour ses notes. Il a besoin d'être suivi de près et intéressé à ses études. Deux de mes amis, dont les fils travaillent avec vous, m'ont parlé de la qualité de votre enseignement. C'est vous dire si je souhaite que vous acquiesciez à ma demande. Vous seriez aimable de me donner un rendez-vous par téléphone (Did. 58-65).

Veuillez recevoir, Monsieur le Directeur, l'assurance de ma considération la plus distinguée.

Cancre-Bosse

A un directeur d'institution

Vous pouvez vous adresser à lui pour connaître les programmes d'études spécialisées de son établissement et les débouchés offerts aux élèves sortants.

Monsieur le Directeur.

Sur le conseil de mes amis Durant, je suis décidée à faire inscrire mon fils dans votre établissement à la prochaine rentrée d'octobre. Cependant, je vous serais très reconnaissante de me préciser si vous pouvez pousser un élève dans telle ou telle étude spécialisée, lesquelles, les diplômes que l'on peut obtenir et les débouchés offerts.

Je me permets de vous demander tous ces renseignements, Monsieur le Directeur, car j'ai l'intention de maintenir mon fils plusieurs années dans votre institution. Je redoute beaucoup pour un enfant les changements de «climats» et de professeurs qui me paraissent toujours préjudiciables à tous points de vue.

Avec mes remerciements, je vous prie de croire, Monsieur le Directeur, à ma considération très distinguée.

S. Lapie

A un directeur d'école pour lui demander vers quelles études diriger un enfant

Monsieur le Directeur,

Je serais très heureuse si vous pouviez me donner un conseil concernant les études de mon fils.

Après l'avoir interrogé et avoir compulsé ses notes d'examens, j'avoue être fort perplexe pour l'orienter. Il semble aussi bien assimiler les mathématiques que les lettres mais ne paraît pas se décider à opter pour l'une ou l'autre de ces matières.

Peut-être ses professeurs ou vous-même avez-vous remarqué, mieux que moi, ce qui serait préférable pour lui ? Je vous serais très reconnaissante, Monsieur le Directeur, de bien vouloir me donner quelques éclaircissements qui me seront d'autant plus précieux que le moment du choix arrive à grands pas.

J'aurais aimé vous en parler de vive voix mais je viens d'avoir un accident et ne puis me déplacer.

En vous remerciant vivement à l'avance, je vous prie de croire, Monsieur le Directeur, à ma considération la plus distinguée.

G. Labrise

A un professeur pour protester contre une punition imméritée

Monsieur,

J'ai été fort inquiète hier soir de la rentrée tardive de mon petit Eric. Il m'a appris que vous l'aviez retenu en punition plus d'une heure parce que vous l'aviez vu bavarder avec son voisin pendant une leçon d'arithmétique. Eric m'a juré — et il n'est pas menteur — que c'est son camarade qui l'a interpellé et que vous vous en étiez rendu compte. Je n'ai rien dit devant mon fils mais je trouve que cette punition aurait dû — pour le moins — être partagée puisque vous aviez surpris les deux enfants en faute.

J'aimerais savoir les raisons de votre sévérité envers Eric soit par lettre, soit en me fixant un rendez-vous. Je ne doute pas un instant de votre esprit d'équité, mais vous savez comme moi combien la sensibilité d'un enfant peut souffrir d'une injustice infligée par un professeur auquel il est très attaché.

Veuillez croire, Monsieur, à ma considération très distinguée

G. Dubreuil

A un professeur pour demander un conseil si l'enfant reste faible dans une matière

Monsieur,

En prenant connaissance, une fois de plus, des résultats de mon fils aux examens mensuels, j'ai remarqué que cet enfant avait beaucoup de difficultés à obtenir une note, même faible, en mathématiques.

Pourtant, je puis dire qu'il travaille sérieusement car je surveille moi-même ses devoirs et ses leçons.

Il me semble que des cours particuliers lui seraient nécessaires, mais, avant de prendre une décision quelconque, je voulais vous demander conseil. Auriez-vous l'amabilité de me dire ce que vous pensez de mon fils et le meilleur moyen de l'aider.

En vous remerciant à l'avance, je vous prie de croire, Monsieur, à ma considération très distinguée.

H. Labranche

Demande de renseignements à un Contrôleur des contributions

Monsieur le Contrôleur,

Je suis copropriétaire d'un appartement situé dans un immeuble ancien : 34, sur de Penthièvre.

J'ai décidé de le moderniser en faisant installer une salle de bains et le chauffage central. Ces travaux sont en voie d'achèvement et plusieurs amis me conseillent de mentionner le montant de ces dépenses sur ma feuille d'impôts.

Avant d'effectuer cette déduction sur mon revenu imposable, je vous serais très obligé, Monsieur le Contrôleur, de bien vouloir me confirmer si la chose est exacte, sans m'exposer pour cela à une observation de la part du Trésor Public.

Avec mes remerciements, je vous prie de croire, Monsieur le Contrôleur, à ma considération très distinguée.

D. Larue

Au Contrôleur des Contributions pour demander une détaxation

Monsieur le Contrôleur,

J'ai l'honneur de porter à votre connaissance les

faits suivants :

Je suis âgé de plus de soixante-cinq ans et mes ressources d'ancienne commerçante se sont bien amenuisées depuis quelques années. Mon revenu est fort modeste et je n'arrive même pas à la somme minimum imposable. Chaque année, il me faut justifier ma demande de remise d'impôt à vos bureaux et cette démarche devient chaque fois plus pénible car je me déplace difficilement. Aussi, je vous serais bien reconnaissante si vous pouviez donner des instructions pour que cette remise se fasse automatiquement, m'engageant, de mon côté, à porter à votre connaissance toute éventuelle augmentation de ressources dont je pourrais bénéficier.

Avec mes remerciements, je vous prie de croire, Monsieur le Contrôleur, à l'expression de ma considération très distinguée.

C. Caille

Au percepteur pour réclamer au sujet d'un trop-perçu

Monsieur le Percepteur,

En comparant mes deux dernières feuilles d'impôt, je m'aperçois que, tout en ayant déclaré exactement les mêmes revenus, j'ai réglé, cette année, au Trésor Public une somme plus importante. N'ayant pas entendu parler d'une augmentation des impositions, il me semble qu'il s'agit d'une erreur de votre service.

Puis-je vous demander d'avoir l'obligeance de faire vérifier le calcul de mes impositions ? Si cette vérification révélait un trop-perçu, je vous serais reconnaissante de bien vouloir me l'adresser par chèque ou virement.

Avec mes remerciements, je vous prie de croire, Monsieur le Percepteur, à ma considération très distinguée.

M. Dulac

Demande d'un bureau de tabac

Monsieur le Ministre,

Si j'ose m'adresser à vous pour solliciter de votre haute bienveillance la gérance d'un bureau de tabac, c'est parce que mon mari reste infirme d'un accident pour lequel il n'a pas obtenu une retraite réversible sur moi.

Je suis en mauvais état de santé et ne puis subvenir à l'entretien de mes enfants trop jeunes encore pour m'aider. L'un d'entre eux est en sanatorium.

Veuillez agréer, Monsieur le Ministre, avec l'assurance de ma reconnaissance anticipée pour la décision que vous voudrez bien prendre, je l'espère, en ma faveur, l'expression de ma considération très distinguée.

Jeanne Lagarde

Demande de secours

Monsieur le Minisire,

J'ai l'honneur de m'adresser à vous afin de solliciter l'octroi d'une pension, à laquelle j'espère avoir droit, comme veuve de Gabriel Rognon, dont je me permets de vous rappeler les états de service. Suit l'énumération.)

J'espère, Monsieur le Ministre, que vous voudrez bien accéder à ma demande, et je vous prie d'agréer, avec mes remerciements, l'expression de ma haute considération.

Antoinette Rognon

Demande de renseignements au syndicat d'initiative

Monsieur.

Ayant l'intention de passer un mois de vacances à

Hossegor, je vous serais reconnaissante de bien vouloir m'envoyer tous les dépliants concernant cette station, accompagnés de la liste complète des hôtels et leurs prix de pension.

En vous remerciant à l'avance, veuillez croire, Monsieur, à ma considération très distinguée.

H. Lafleur

A un directeur d'hôtel pour lui demander des renseignements sur son établissement

Monsieur,

J'ai l'intention de passer un mois de vacances à Morgatt et je vous serais très obligée de me faire savoir si vous auriez une chambre à deux lits avec salle de bains (ou cabinet de toilette) et vue sur la mer, au dernier étage si possible, pour être davantage au calme, du 1er au 31 août prochain.

Voudriez-vous m'indiquer également le prix de pension complète pour deux personnes (ou de demi-pension). Eventuellement peut-on se faire servir des repas de régime ?

En vous remerciant à l'avance, je vous prie de croire, Monsieur, à ma considération distinguée.

E. Duroy

Réservation

Monsieur,

Je viens de recevoir votre lettre et suis d'accord sur les conditions de séjour dans votre hôtel. (repréciser chambre avec ou sans bains, pension ou demi-pension). *Je resterai donc du 1er août au 31 août à midi.*

Je vous adresse, à titre d'arrhes, la somme de huit cents francs que vous trouverez en un chèque barré joint.

J'arriverai par le train le 1er dans la soirée et je vous serais reconnaissante d'envoyer la voiture de l'hôtel me chercher à la gare.

Je vous prie de croire, Monsieur, à ma parfaite considération.

Demande de renseignements pour une location de villa

Monsieur,

J'ai l'intention de passer mes vacances à Carnac et désirerais louer votre villa pendant les vacances. Celle-ci me plaît par sa description, son confort et sa situation et me paraît convenir parfaitement à une famille de sept personnes. Voudriez-vous me faire savoir si vous consentiriez à me la louer pendant les mois de juillet et d'août et quel serait le montant du loyer.

D'autre part, vous seriez aimable de me préciser si je dois me munir de linge de maison, de draps et de couvertures. Je pense que la cuisine possède suffisamment de vaisselle et d'ustensiles pour la confection des repas.

Enfin, j'ai l'intention de prendre pendant trois heures chaque jour une femme de ménage, peut-être en connaîtriez-vous une que vous pourriez me recommander ?

En souhaitant que nous puissions mettre au point cette location, je vous prie de croire, Monsieur, à ma considération distinguée.

H. Labris

Réservation location villa

Monsieur,

Je viens de recevoir votre lettre et suis d'accord sur les conditions de location de votre villa.

Veuillez me dire si vous désirez que je vous verse

des arrhes. Dans ce cas, je vous propose un mois d'avance, soit 1 500 frs que je vous enverrai par chèque ou que je vous remettrai à mon arrivée, à votre gré. Nous verrons ensemble l'inventaire.

En attendant le plaisir de faire votre connaissance, veuillez agréer, Monsieur, mes sentiments de vive sympathie.

G. Labris

Demande de devis

Monsieur,

J'ai l'intention de faire effectuer divers travaux de menuiserie dans mon appartement et je désirerais, sur la recommandation de mon ami, M. Souricet, vous les confier. Il s'agit de rayonnages-bibliothèque avec moulures Louis XVI, et aussi de l'aménagement de deux placards anciens en niches à bibelots.

Voulez-vous passer chez moi le plus vite possible (en me téléphonant toutefois un peu à l'avance afin que je sois chez moi quand vous viendrez afin de prendre les mesures vous permettant d'établir votre devis.

Avec ma considération distinguée.

A. Dubroc

Acceptation de devis

Monsieur,

Votre devis vient de me parvenir ce matin et je vous confirme mon accord sur son montant.

Toutefois (faire éventuellement le détail des restrictions).

Je prends bonne note de ce que vous commencerez les travaux le 1er mars et pourriez avoir terminé vers le 25 du même mois.

Croyez, Monsieur, à ma considération distinguée.

J. Lelac

Lettre de réclamation à un artisan

Monsieur,

Je suis fort surprise, qu'en dépit de votre promesse formelle, les travaux de peinture que vous deviez effectuer au début du mois d'août dans mon appartement ne soient même pas commencés. Votre silence me faisait supposer que tout allait bien et je suis fort contrariée par votre manière d'agir.

Vous vous souvenez, lors de l'établissement du devis, que nous étions convenus de cette période de vacances pour vous permettre de travailler en toute tranquillité et je comptais fermement retrouver un appartement remis à neuf à mon retour.

Devant cet état de fait qui me cause un gros préjudice, je crois de mon intérêt de demander conseil à mon avocat et je fais toutes réserves quant à la suite à donner à cette affaire.

Lettre de commande

Monsieur,

Je vous serais reconnaissante de bien vouloir m'adresser le plus rapidement possible :
100 bouteilles de Champagne brut à 13,50 la bouteille
(indiquer franco de port — port en plus — etc.)

Voulez-vous joindre la facture à votre envoi. Dès réception, je vous ferai parvenir un chèque barré.

Invitations à la campagne

Chère amie,

Le grand air vous tente-t-il ? Si oui, venez nous retrouver ici ; la maison est simple mais hospitalière, et vous y serez accueillie avec joie par ceux qui vous aiment et qui seront heureux de vous revoir le plus tôt possible.

Affectueusement vôtre,

Cécile

Cher ami,

Que dirais-tu d'un petit week-end chez nous, à la campagne ? Nous t'offrirons le pain (bis avec un peu de beurre dessus) et le sel de l'amitié. Tu auras aussi des fleurs, du soleil et des bridges si cela te chante. Nous t'attendrons à partir du 20. Si tu veux prolonger un peu ton séjour, tu nous feras plaisir.

Bien amicalement,

Jean

Mon grand Charles,

Il fait un temps merveilleux, la mer est bleue, les pelouses encore vertes, les fleurs exubérantes. C'est le moment d'en profiter. Nous t'espérons à partir du 8 et te convions à une cure de détente dont tu as certainement grand besoin après la vie que tu as menée ces derniers mois.

A bientôt. J'attends un mot de toi avec impatience.

Ton vieux Jean

Mon vieux,

Es-tu libre le 15 ? Si oui, viens te joindre à quelques amis (citer les noms) *qui seront contents de te retrouver.*

Qui ne dit mot consent : je compte sur toi pour le week-end, même si tu restes muet.

Toujours bien à toi.

Olivier

Lettre de château

Il paraît qu'elle se perd, cette pauvre lettre de château. Les gens qui ont passé un week-end ou fait un séjour chez des

amis ne se croient même plus obligés de leur envoyer une lettre pour leur exprimer leur reconnaissance ?

Il est évidemment plus simple d'expédier un télégramme : *Reconnaissance éternelle pour divin séjour* ou *Merci tellement pour merveilleux accueil, si touchée de votre affectueuse hospitalité vous redis ma gratitude émue.*

La formule du télégramme ne doit être, selon l'étiquette, qu'un préliminaire à une lettre qu'il faut envoyer dans la semaine (et non le lendemain, car on aurait l'air de se débarrasser d'une corvée). Voici quelques idées à ce sujet :

Chère amie,

Je ne saurai jamais vous dire assez le plaisir que vous m'avez donné durant cet exquis week-end. Vous êtes une hôtesse rêvée et vos attentions m'ont été au cœur. Merci tellement de tout. Votre vigilante affection me manque déjà. J'ai pu l'apprécier à sa juste valeur pendant ces quelques jours passés près de vous.

En vous remerciant encore, je vous envoie ma tendre affection.

Pour un séjour plus long, vous écrirez par exemple :

Ma chérie,

Comment te dire assez merci pour les heures merveilleuses que j'ai passées, grâce à toi ? Ce séjour a été un enchantement, et je suis encore sous l'impression du bien-être physique et moral dans lequel ta douce sollicitude m'a fait littéralement baigner. Merci encore, ma chérie, des journées si douces et si bienfaisantes que je te dois.

Je t'embrasse comme je t'aime.

Françoise

Pour remercier d'un séjour à la campagne

Chers amis,

L'hospitalité est un art que vous pratiquez à ravir.

La vie à vos côtés s'écoule comme une source sur des cailloux blancs et je me sens, grâce à vous, en pleine forme physique et morale pour reprendre un travail qui s'annonce écrasant. Heureusement le souvenir reste pour amortir le choc du retour à la triste vie quotidienne.

Comment vous dire aussi ma gratitude pour avoir gardé mes enfants pendant le reste des vacances. Ils s'amusent tant avec les vôtres ! Je ne souhaite qu'une chose... qu'ils ne les abreuvent pas de mauvais conseils. Ils sont si diables !

J'ai retrouvé mon père bien fatigué malgré les bons soins de notre vieille Françoise, toujours si dévouée.

En vous souhaitant un beau soleil et en vous redisant ma reconnaissance, je vous envoie mes souvenirs les plus affectueux et encore toute ma gratitude.

Jacqueline

Pour faire de la publicité

Nous vous donnons une circulaire publicitaire présentée sous forme de lettre personnelle adressée par une grande firme d'automobiles à des clients possibles et qui nous paraît un chef-d'œuvre du genre.

Altitude 2 000, Val d'Aoste.

Ma chérie,

Je sais que j'aurais dû t'écrire plus tôt. Tu restes chez toi et nous sommes maintenant en pleine neige à nous dorer au soleil. Ma pauvre chérie, j'espère que tu vas bientôt venir nous rejoindre. L'hôtel est convenable, quoique les chambres soient un peu petites. Georges prétend qu'elles rétrécissent tous les ans. Je crois, moi, que c'est lui qui grossit.

Notre voyage s'est bien passé. Comme d'habitude Georges a été insupportable. Depuis qu'il a sa nou-

velle voiture, il se surpasse. Une main au volant, l'autre sur le tableau de bord. A la moindre fumée il allume ses anti-brouillard. Il nous a fait rester cinq minutes derrière un camion qui nous aspergeait de boue pour nous démontrer l'efficacité de son lave-glace. Sa sollicitude est aussi touchante qu'inhabituelle ! Tu n'as pas froid ? La lumière ne te fatigue pas ? Autant de prétextes hypocrites pour manipuler son climatiseur ou son rhéostat de tableau de bord. Avant le départ, il a fallu naturellement que nous admirions en chœur l'éclairage de son coffre arrière, ses trois paires de clignoteurs, sa baladeuse branchée sur l'allume-cigare, son lecteur de carte... j'en passe et des meilleures. Tu sais comme Georges déteste les manœuvres ? Maintenant il multiplie les marches arrière, parce que son phare de recul s'allume automatiquement pendant cette manœuvre (la nuit naturellement). Ce qu'il peut être casse-pied avec sa « ...... de série » ! Nous lui avons demandé où se trouvait le bar. Il n'a pas eu l'air d'apprécier cette fine remarque. Je me moque de lui, mais je dois reconnaître que la « X » est très agréable. En plus j'ai découvert en retournant mon pare-soleil, un amour de petit miroir lumineux, tout ce qu'il y a de pratique pour se refaire une beauté. Ça lui avait échappé. J'ai exigé de conduire la voiture au retour. Il en est malade.

En attendant, je prends ma revanche, car il est moins fier sur ses skis. Pierre et Françoise filent le parfait amour.

Ecris-moi vite. Je t'ai trouvé une chambre, mais il faut que tu me préviennes. Embrasse les enfants et transmets mes amitiés à Jacques.

Janine

N'ECRIVEZ PAS	MAIS ECRIVEZ
Tant qu'à moi	Quant à moi
Contacter	Prendre contact
Du bouilli	Du bœuf, du pot-au-feu
De la volaille	Du poulet, du canard, etc.
Mars en carême	Marée en Carême
En face la maison	En face de la maison
Nous deux ma mère	Ma mère et moi
Il va de mal en pire	Il va de mal en pis
Parler français comme une vache espagnole	Parler le français comme un Basque espagnol
Une chrysanthème	Un chrysanthème
Un azalée	Une azalée
Un perce-neige	Une perce-neige
Du bon encaustique	De la bonne encaustique
Un bel atmosphère	Une belle atmosphère
Une astérisque	Un astérisque
Nous irons promener	Nous irons nous promener
La chose que j'ai besoin	La chose dont j'ai besoin
Il reste rue de Penthièvre	Il demeure rue de Penthièvre
Je rêve à vous	Je rêve de vous
Une effluve	Un effluve
Une alvéole	Un alvéole
Un antichambre	Une antichambre
De grands alluvions	De grandes alluvions
Cette rue est passagère	Cette rue est passante
Ma fillette, votre fillette	Ma fille, votre fille
Mon fiston	Mon fils
Madame ou votre dame	Madame X. ou votre épouse
Madame Rosepied	Ma femme
Ma future	Ma fiancée
Ce midi	A midi
Un ciseau	Des ciseaux
Des escaliers	Un escalier
Une aérogare	Un aérogare
Une aéropage	Un aréopage
Aller en bicyclette	Aller à bicyclette

N'ECRIVEZ PAS	MAIS ECRIVEZ
Une rallonge	Une allonge
Ennuyant	Ennuyeux
Emotionnant	Emouvant
Solutionner	Résoudre
Nous avons convenu d'un prix	Nous étions convenus d'un prix
Je déjeune avec du pâté	Je déjeune de pâté
J'ai été manger	Je suis allé déjeuner
Enfin finalement	Enfin
Il m'a stupéfaite	Il m'a stupéfiée
La clef est après la porte	La clef est sur la porte
J'irai me changer	J'irai changer de vêtements
J'ai lu sur le journal	J'ai lu dans le journal
Malgré que	Bien que — quoique
Partir à	Partir pour
Je me rappelle	Je me souviens — je me le rappelle
Je m'attends à ce que	Je prévois que
Voulez-vous consentir à ce que	Voulez-vous accepter de
Cela m'indiffère	Cela m'est indifférent
Cela m'insupporte	Cela m'est insupportable
Vis-à-vis de quelqu'un	A l'égard de quelqu'un, envers quelqu'un
Remplir un but	Atteindre un but
Poursuivre un but	Chercher un résultat
Votre jeune fille	Mademoiselle votre fille
Je cherche après lui	Je le cherche
Accrocher un clou	Accrocher à un clou
Faire une lettre	Ecrire une lettre
Aller au coiffeur (ou au médecin, au pharmacien, etc.)	Aller chez le coiffeur (ou chez le médecin etc.,)

INDEX

D

E

M

N

O

P

R

S

T

V

TABLE DES MATIERES

GROUPE CPI

Achevé d'imprimer
en novembre 2000 par
BUSSIÈRE
à Saint-Amand-Montrond (Cher)

N° D'IMP. : 2588.
D. L. N° 8013 – NOVEMBRE 2000.
ISBN 2-501-02735-3
Imprimé en France

1501
MARABOUT